二手车
鉴定·评估·交易
一本通

第2版

杨智勇　翟静　主编

化学工业出版社
·北京·

内容简介

本书系统地介绍了二手车评估与交易的基本理论和基本方法。全书共分六章，包括了解二手车、二手车车况鉴定与评估、二手车价格评估与评估报告书撰写、二手车交易、二手车收购与销售、事故车的鉴定与评估等内容。本书内容全面，符合当前实际，实用性强，采用来自二手车评估市场上的评估实例，有助于提高读者的专业水平和解决实际问题的能力。

本书可作为从事二手车交易的工作人员及鉴定评估人员的培训教材，也可作为汽车相关专业人员的教学用书，还可供学习二手车交易知识的人员自学参考。

图书在版编目（CIP）数据

二手车鉴定·评估·交易一本通 / 杨智勇，翟静主编. —2版. —北京：化学工业出版社，2021.1
ISBN 978-7-122-38075-3

Ⅰ.①二… Ⅱ.①杨…②翟… Ⅲ.①汽车-鉴定②汽车-价格评估③汽车-商品交易 Ⅳ.①U472.9②F766

中国版本图书馆 CIP 数据核字（2020）第 244192 号

责任编辑：周　红　　　　　　　　　　装帧设计：王晓宇
责任校对：宋　玮

出版发行：化学工业出版社（北京市东城区青年湖南街13号　邮政编码100011）
印　　装：天津画中画印刷有限公司
710mm×1000mm　1/16　印张11½　字数208千字　2021年1月北京第2版第1次印刷

购书咨询：010-64518888　　　　　　　售后服务：010-64518899
网　　址：http://www.cip.com.cn
凡购买本书，如有缺损质量问题，本社销售中心负责调换。

定　价：69.00元　　　　　　　　　　　　　　　　　版权所有　违者必究

第2版前言

  我国的汽车工业飞速发展，新车的生产与销售，促进了我国居民更换新车的步伐，二手车的交易量也得到了很大的提高。随着二手车产业的快速发展，与二手车相关的经营行为也不断更新，从实体的经销、拍卖、经纪、置换、鉴定评估发展到网络经销及多功能网络服务平台等。这一庞大的二手车产业体系目前面临一个严重的瓶颈，即相关从业人才的匮乏。二手车的交易，需要二手车评估人员能够为交易双方提供一个合理的参考价格和技术服务保障。

  《二手车鉴定·评估·交易一本通》第一版自2016年出版以来，受到广大读者的欢迎和喜爱。由于书中个别内容引用标准及案例稍显陈旧，同时存在一些细节问题，如部分内容介绍还不够详细等。为了更新技术，体现二手车市场的新方法和新手段，现推出第二版。第二版是在第一版内容基础上，删掉了老旧车型的相关内容，对书里的插图进行了处理，更换了复杂不易看懂的图片，并将线条图加工修改，使读者更易看懂；编写过程中，采用图解的形式，把难以理解的鉴定流程、操作方法，以图示化、图形化的直观简捷形式，力求让读者特别是初学者能够更加直观、清楚地了解二手车鉴定评估过程；本书还增加了汽车玻璃上的标识、汽车轮胎标识的内容，更新了汽车报废标准等内容。

本书完全按照《二手车鉴定评估技术规范》(GB/T 30323—2013)规定的二手车鉴定评估流程与要求编写，详细说明了二手车鉴定评估的全部工作内容，引用最新的国家与行业标准，并且紧密结合二手车鉴定评估的实际工作情况，理论知识浅显易懂，实操技能叙述条理清晰。

本书图文并茂、通俗易懂，即使没有汽车专业知识的汽车爱好者也能看懂。本书集常识性、理论性和实用性于一体，适合作为汽车二手车职业资格鉴定教材，也适合二手车从业人员、汽车爱好者及车主阅读使用。

本书由杨智勇、翟静主编，耿炎、修玲玲、孙涛、蔡畅副主编，参加编写工作的还有季成久、张磊等。

由于笔者水平所限，不足之处在所难免，敬请读者批评指正。

编　者

目录

01 第一章 了解二手车 /001

第一节 二手车基本知识 / 002
- 一、二手车的优点 / 002
- 二、二手车鉴定评估专业术语 / 002
- 三、二手车鉴定评估的简易流程 / 004

第二节 汽车基本知识 / 005
- 一、汽车总体结构 / 005
- 二、汽车识别代码（VIN 码）/ 013
- 三、汽车玻璃上的标识 / 018
- 四、汽车轮胎的标识 / 021
- 五、汽车使用寿命与报废标准 / 023

02 第二章 二手车车况鉴定与评估 /026

第一节 基本信息核查 / 027
- 一、二手车法定证件的核查 / 027
- 二、二手车税费的核查 / 029
- 三、车主信息的核查 / 030

第二节 二手车静态检查与评估 / 030
- 一、车身外观的检查与评估 / 030
- 二、发动机舱的检查 / 040
- 三、驾驶室和车厢内部检查 / 046
- 四、车辆底盘的检查 / 047
- 五、附属装置检查 / 052

第三节 二手车动态检查与评估 / 052
- 一、发动机无负荷工况的检查 / 053
- 二、路试检查 / 054

目录

03 第三章 二手车价格评估与评估报告书撰写 / 057

第一节　二手车价格评估的基本方法 / 058
　　一、重置成本法 / 058
　　二、收益现值法 / 059
　　三、现行市价法 / 059
　　四、清算价格法 / 060
　　五、二手车评估方法的选择 / 061

第二节　二手车成新率的计算方法 / 062
　　一、使用年限法 / 062
　　二、行驶里程法 / 064
　　三、部件鉴定法 / 065
　　四、整车观测法 / 068
　　五、综合分析法 / 069
　　六、综合成新率法 / 072
　　七、各种成新率计算方法的选择 / 075

第三节　二手车价格的计算评估 / 076
　　一、应用重置成本法的评估 / 076
　　二、应用收益现值法的评估 / 079
　　三、应用现行市价法的评估 / 080
　　四、应用清算价格法的评估 / 082

第四节　撰写二手车评估报告书 / 083
　　一、二手车鉴定评估报告定义 / 083
　　二、评估报告书的作用 / 083
　　三、二手车鉴定评估报告书的基本内容 / 084
　　四、编制二手车鉴定评估报告书的步骤及注意事项 / 085

04 第四章 二手车交易 /087

第一节 了解二手车交易 / 088
　　一、二手车交易类型 / 088
　　二、二手车交易的相关规定 / 089
第二节 二手车交易流程 / 090
　　一、二手车交易程序的种类 / 090
　　二、二手车交易过户业务的办理 / 093
　　三、二手车交易合同的订立 / 097
第三节 二手车办理车辆转移登记与过户 / 100
　　一、二手车办理车辆转移登记 / 100
　　二、相关税、证变更业务 / 110

05 第五章 二手车的收购与销售 /113

第一节 二手车的收购 / 114
　　一、二手车收购定价影响因素 / 114
　　二、二手车收购中的风险分析与防范 / 115
　　三、机动车的折旧计算 / 117
　　四、二手车收购定价方法与收购价格的计算 / 120
第二节 二手车的销售 / 122
　　一、二手车销售定价影响因素 / 122
　　二、二手车销售定价的目标分析 / 124
　　三、二手车销售定价的方法分析 / 125
　　四、二手车销售定价的策略分析 / 127
　　五、二手车销售最终价格的确定 / 128
第三节 二手车置换 / 128
　　一、二手车置换的定义 / 128

目录

二、国内主要二手车置换运作模式 / 129
三、二手车置换质量认证 / 130
四、二手车置换的服务程序 / 133
五、二手车置换注意事项 / 134

06 第六章 事故车的鉴定与评估 / 135

第一节 事故车损伤分析 / 136
    一、汽车损伤的类型分析 / 136
    二、汽车损伤的原因分析 / 138
第二节 常见事故车的鉴定与评估 / 144
    一、碰撞损伤 / 144
    二、火灾损伤 / 165
    三、水灾损伤 / 169

参考文献 / 175

第一章
了解二手车

第一节　二手车基本知识

一、二手车的优点

二手车的优点如表1-1所示。

表1-1　二手车的优点

优点	分　析
便宜	二手车最大的优点是便宜。不同年份的二手车价格仅相当于新车的1/3～1/2，甚至更少。而且，由于新车头两年折旧率比较高，买二手车避开了汽车的快速折旧期，所以还具有相对保值的优势。此外，某些特定年代和车型的二手车还具有收藏的价值
适合新驾驶员	新驾驶员刚拿了驾照但技术不过硬，也不妨先买台二手车练练手
适合汽车发烧友	对于那些希望体验新鲜感觉的汽车发烧友们，二手车是不错的选择
降低购车成本	用相同购买新车的钱可以买到高一个档次的二手车，因此，从降低购车成本的角度来看，普通大众购买二手车不失为更加明智的选择

二、二手车鉴定评估专业术语

二手车鉴定评估基本术语如表1-2所示。

表1-2　二手车鉴定评估基本术语

序号	基本术语	释　义
1	二手车	二手车是指办理完注册登记手续达到国家制度报废标准之前进行交易并转移所有权的汽车（包括三轮汽车、低速载货车，即原农用车）、挂车和摩托车。二手车的标准术语为旧机动车
2	二手车交易	二手车交易行为是指以二手车为交易对象，在国家规定的二手车交易市场或其他经合法审批的交易场所中进行的二手车的商品交换和产权交易
3	二手车经销	二手车经销是指二手车经销企业收购、销售二手车的经营活动

续表

序号	基本术语	释 义
4	二手车拍卖	二手车拍卖是指二手车拍卖企业以公开竞价的形式将二手车转让给最高应价者的经营活动
5	二手车经纪	二手车经纪是指二手车经纪机构以收取佣金为目的，为促成他人交易二手车而从事居间、行纪或者代理等经营活动
6	二手车鉴定评估	二手车鉴定评估是指二手车鉴定评估机构对二手车技术状况及其价值进行鉴定评估的经营活动
7	二手车鉴定评估的主体	二手车鉴定评估的主体是指二手车评估业务的承担者，即从事二手车评估的机构及专业评估人员
8	二手车鉴定评估的客体	二手车鉴定评估的客体是指被评估的车辆
9	二手车置换	狭义的置换就是"以旧换新"业务，即经销商通过二手商品的收购与新商品的对等销售获取利益。广义的置换则是指在以旧换新业务的基础上，还同时兼容二手商品的整新、跟踪服务、二手商品再销售乃至折抵、分期付款等项目的一系列业务组合，从而成为一种有机而独立运营的营销方式。由于可以推动新车销售，不同于以往二手车交易的是，二手车置换业务往往背靠汽车品牌专营店，其背后获得汽车制造厂商的强大技术支持，经销商为二手车的再销售提供一定程度上的质量担保，这大大降低了二手车交易中消费者的购买风险，规范了交易双方的交易行为，有很大的发展潜力
10	成新率	成新率是二手车新旧程度的衡量指标，是指二手车的功能或使用价值占全新机动车的功能或使用价值的比率，也可理解为二手车的现实状况与机动车全新状况的比率
11	折现率	折现率是指将未来有限期预期收益折算成现值的比率。本金化率和资本化率或还原利率则通常是指将未来无限期预期收益折算成现值的比率
12	贬值	二手车贬值根据性质不同分为功能性贬值、经济性贬值、有形损耗贬值
13	功能性贬值	是由于技术进步引起的二手车功能相对落后而导致的贬值。这是一种无形损耗。功能性贬值可分为一次性功能贬值和营运性功能贬值
14	经济性贬值	是反映社会对各类产品综合的经济性贬值的大小，突出表现为供求关系的变化对市场价格的影响，二手车经济性贬值是指由于外部经济环境变化所造成的车辆贬值。它也是一种无形损耗

续表

序号	基本术语	释义
15	有形损耗贬值	也称实体性贬值,是指二手车在存放和使用过程中,由于物理和化学原因(如机件磨损、锈蚀和老化等)而导致的车辆实体发生的价值损耗,即由于自然力的作用而发生的损耗。计量二手车实体有形损耗时主要根据已使用年限进行分摊
16	二手车的原值	即原始价值,是指车主在购置以及其他方式取得某类全新机动车时所发生的全部货币支出,包括买价、运杂费、车辆购置附加费、消费税、新车登记注册等所发生的费用
17	二手车的净值	二手车随着使用的过程逐渐磨损,其原始价值也随着减少而转入企业成本。企业提取的机械折旧额为折旧基金,用于车辆磨损的补偿。提取折旧后,剩余的机械净值称为二手车的净值,它在一定程度上反映了车辆现有价值
18	二手车的残值	二手车报废清理时回收的那些材料、废料的价值称残值,它体现了二手车丧失生产能力以后的残体价值
19	评估值	是指遵循一定的计价标准和评估方法,重新确定的二手车现值

三、二手车鉴定评估的简易流程

二手车交易流程与传统的新车交易选车、付款、提车、办理车务手续其实都差不多。简单来讲,二手车交易流程一般为验车、评估、签订二手车买卖协议、办理车务手续等步骤,具体解释如表1-3所示。

表1-3 二手车鉴定评估的简易流程

序号	流程	释义
1	验车	在二手车交易流程中,验车是极为重要的一个环节。除了对车辆车况的检查外,也不要忽视了对诸如"汽车违章""交强险"等的检查,以免在后续的过户中产生一些不必要的麻烦
2	评估	我国法律规定,二手车交易属于产权交易范围,需要到国家指定的交易中心进行。因此在验完车后就可以在二手车市场内找专业的评估师对车辆进行一次全面的评估,并根据车辆的使用年限(已使用年限)、行驶里程数、总体车况和事故记录等进行系统的勘察和评估,折算车辆的成新率,再按照该车的市场销售状况等,提出基本参考价格,通过计算机系统的运算,并打印《车辆评估书》,由评估机构的评估师签章后生效,作为车辆交易的参考和依法纳税的依据之一。当然,如果是在网上看到的二手车信息,也可以先通过网上的在线评估系统对车辆做一个估价,也能够在交易时做到心中有数
3	买卖交易	在车辆评估结束后,交易双方就可以到交易市场内的过户大厅去办理交易手续,完成后交易市场会开具一个全国统一的二手车交易发票。其中办理交易手续的材料包括行驶证、登记证书、原始购车发票或上一次买卖交易的旧机动车发票、出售方车主身份证原件、购买方车主身份证原件及相关证明(暂住证、外籍人士居留证、军官证等),交易车辆

续表

序号	流程	释义
4	过户	车辆过户又称为车辆的过户转移登记手续，即买方在取得了由交易市场开具的二手车交易发票后，就可以拿该发票去户口所在地辖区的车辆管理所或地区的车辆管理总所办理过户并取得新的行驶证、车牌的手续。办理过户手续需要带的材料也比较多，包括原行驶证、原登记证书、交易市场为本次交易开具的二手车交易发票、身份证原件及相关证明（暂住证、外籍人士居留证、军官证等）、过户车辆
5	税费变更	二手车交易基本结束，车拿到了，新的行驶本、车牌也都到手了，这个时候千万别忘了办理车辆税费变更登记手续。车辆税费变更登记手续往往是最容易被大家忽视的一个环节，税费变更的内容一般包括车辆购置税、车船使用税、车辆保险及各地区规定的其他税费。对以上这些税费进行的变更不但是保证交易双方合法权益的必要程序，也是保证车辆税费、保险等手续正常续缴的必要程序。这些手续办理的地点一般是各种税费、保险专门的征稽处及办理点

二手车交易流程图如图1-1所示。

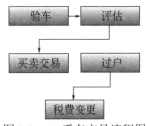

小提示

在办理完所有的手续之后，不要忘记将能够证明此次交易的重要手续复印留存，包括过户后的登记证书记载过户事宜的一页和此次交易的交易发票。

图1-1　二手车交易流程图

第二节　汽车基本知识

一、汽车总体结构

汽车的类型虽然很多，但基本构造都是由发动机、底盘、车身和电气设备四大部分组成的，如图1-2所示。

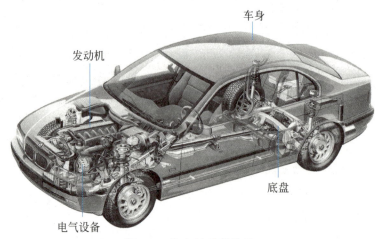

图 1-2　汽车的总体构造

（一）发动机

> **小提示**
>
> 　　发动机是汽车的心脏，是由多个机构和系统组成的复杂机器。现代汽车发动机的结构形式很多，即使是同一类型的发动机，其具体结构也各不相同，但不论哪种类型的发动机，其基本结构都是相似的。

发动机的总体构造

（1）汽油机的总体构造　汽油机的剖视图如图 1-3 所示。汽油机主要由"两大机构、五大系统"组成。"两大机构"指曲柄连杆机构和配气机构，"五大系统"指燃料供给系统、冷却系统、润滑系统、点火系统和启动系统。汽油机的构造如表 1-4 所示。

表 1-4　汽油机的构造

序号	结构	功用	组成
1	曲柄连杆机构	是发动机实现热能与机械能相互转换的核心机构，其功用是将燃料燃烧所放出的热能通过活塞、连杆、曲轴等转变成能够驱动汽车行驶的机械能	主要由气缸体、气缸盖、活塞、连杆、曲轴和飞轮等机件组成

续表

序号	结构	功用	组成
2	配气机构	根据发动机的工作需要，适时地打开进气通道或排气通道，以便使可燃混合气（燃料与空气的混合物）及时地进入气缸，或使废气及时地从气缸内排出；而在发动机不需要进气或排气时，则利用气门将进气通道或排气通道关闭，以便保持气缸密封	主要由气门、气门弹簧、凸轮轴、挺杆、凸轮轴传动机构等零部件组成
3	燃料供给系统	根据发动机的工作需要，配制出一定数量和浓度的可燃混合气并送入气缸	由空气供给系统、燃油供给系统和电子控制系统组成
4	点火系统	根据发动机的工作需要，及时地点燃气缸内的混合气	包括蓄电池、发电机、点火线圈、分电器（有些无分电器）、火花塞和电子控制系统等
5	冷却系统	帮助发动机散热，以保证发动机在最适宜的温度下工作	水冷式冷却系统通常由水套、水泵、散热器、风扇、节温器等组成；风冷式冷却系统主要由风扇、散热片组成
6	润滑系统	向做相对运动的零件表面输送清洁的润滑油，以减小摩擦和磨损，并对摩擦表面进行清洗和冷却	一般由机油泵、集滤器、限压阀、油道、机油滤清器等组成
7	启动系统	使发动机由静止状态进入到正常工作状态	包括起动机、启动继电器、点火开关、蓄电池等

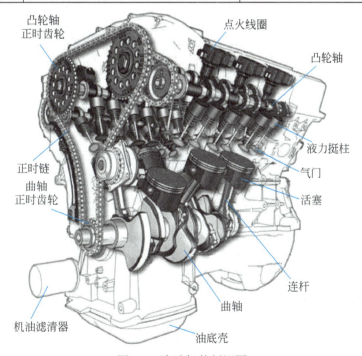

图 1-3　汽油机的剖视图

（2）柴油机的总体构造　四冲程水冷式柴油机由"两大机构、四大系统"组成，"两大机构"指曲柄连杆机构和配气机构，"四大系统"指燃料供给系统、冷却系统、润滑系统、启动系统。

（二）底盘

汽车底盘由传动系统、行驶系统、转向系统和制动系统等四大系统组成，其功用为接受发动机的动力，使汽车运动并保证汽车能够按照驾驶员的操纵而正常行驶。图1-4为常见轿车的底盘结构图。

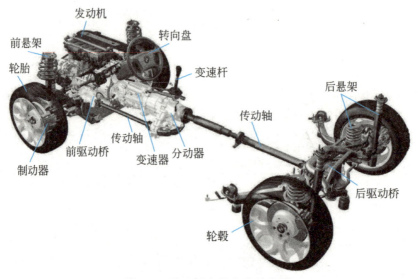

图1-4　常见轿车的底盘结构图

1. 传动系统

> **小提示**
>
> 汽车传动系统是指从发动机到驱动车轮之间所有动力传递装置的总称。传动系统的功用是将发动机的动力传给驱动车轮。

汽车传动系统一般是由离合器、手动变速器、万向传动装置（传动轴等）、驱动桥（主减速器等）等组成；而现在轿车中采用自动变速器的越来越多，即用自动变速器取代了离合器和手动变速器；如果是越野汽车（包括SUV，即运动型多功能车），还应包括分动器。

典型汽车传动系统的结构如图 1-5 所示。传动系统主要部件的功用如下。

（1）离合器：保证变速器换挡平顺，必要时中断发动机的动力传递。

（2）变速器：变速、变矩、变向、中断发动机传给驱动车轮的动力传递。

（3）万向传动装置：实现有夹角和相对位置经常发生变化的两轴之间的动力传递。

（4）主减速器：将动力传给差速器，并实现降速增矩、改变传动方向。

（5）差速器：将动力传给半轴，并允许左右半轴以不同的转速旋转。

（6）半轴：将差速器的动力传给驱动车轮。

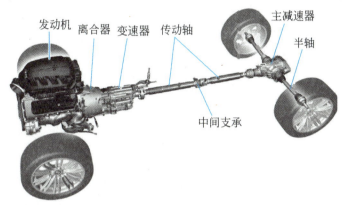

图 1-5　传动系的结构

2. 行驶系统

汽车行驶系统的功用是支承、安装汽车的各零部件总成，传递和承受车上、车下各种载荷的作用，以保证汽车的正常行驶。行驶系统主要由车架（车身）、车桥、悬架、车轮等组成，如图 1-6 所示。

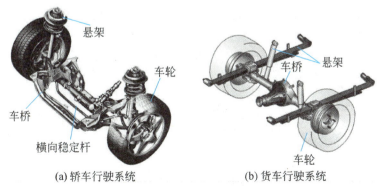

图 1-6　行驶系统结构

3. 转向系统

转向系统的功用是保证汽车能够按照驾驶员选定的方向行驶，主要由转向操纵机构（包括转向盘、转向轴等）、转向器（带转向助力电机）、转向传动机构（包括转向横拉杆、转向节臂、转向节、转向轮等）组成，如图1-7所示。现在的汽车普遍采用动力转向装置。

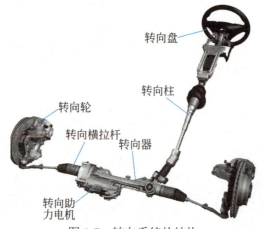

图1-7　转向系统的结构

4. 制动系统

制动系统的功用是使汽车减速、停车并能保证可靠地驻停。汽车制动系统一般包括行车制动系统和驻车制动系统两套相互独立的制动系统，每套制动系统都包括制动器和制动传动机构。现在汽车的行车制动系统都普遍装有制动防抱死系统（ABS）。制动系统基本组成如图1-8所示。

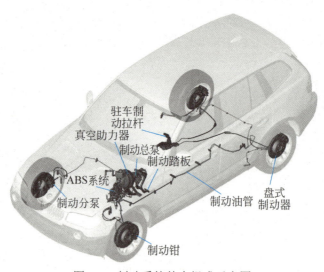

图1-8　制动系统基本组成示意图

（三）电气设备

汽车电气设备的功能是保证车辆在行驶过程中的可靠性、安全性和舒适性。

1. 汽车电气设备的组成

汽车电气设备可分为以下几部分。

（1）电源系统　包括蓄电池、交流发电机及其调节器。

（2）启动系统　包括起动机、启动继电器等。

（3）点火系统　包括点火开关、点火线圈、分电器（多数车型已取消分电器）、电控单元（ECU）、信号发生器、点火控制器、火花塞、高压导线等。

（4）照明系统　包括前照灯、雾灯、牌照灯、顶灯、阅读灯、仪表板照明灯、后备厢灯、门灯、发动机舱照明灯等。

（5）仪表系统　包括车速里程表、燃油表、水温表、发动机转速表等。

（6）信号系统　包括音响信号和灯光信号装置（如制动信号灯、转向信号灯、倒车信号灯以及各种报警指示灯）等。

（7）空调系统　包括暖风、制冷与除湿装置等。

（8）其他辅助用电设备　包括电动玻璃升降器、中央控制门锁、电动后视镜、风窗刮水器、洗涤器、电喇叭、点烟器及电动天窗、巡航控制系统、安全气囊、电动座椅等。

2. 汽车电气设备的布置

汽车电气设备的安装位置基本上如图1-9所示。其中，电源系统、启动系统、

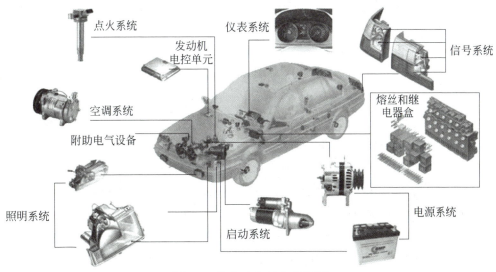

图1-9　汽车电气设备位置图

点火系统、空调系统的大部分部件都安装在发动机舱内,仪表系统安装在驾驶室内,照明系统、信号系统安装在车身的前后部位,电动玻璃升降器、中央控制门锁、电动后视镜、风窗刮水器、电动天窗等安装在车身上。

3. 汽车电气的特点

(1) 低压　汽车用电设备的额定电压有12V、24V两种。汽油车多采用12V电源电压,而大型柴油车多采用24V电源电压。

(2) 直流　主要从蓄电池的充电来考虑。因为蓄电池充电时必须用直流电,所以汽车电源必须是直流电。

(3) 单线制　汽车上所有用电设备都是并联的,电源到用电设备只用一根导线连接,而另一根导线则用汽车车体或发动机机体的金属部分代替,作为公共回路,这种连接方式称为单线制。单线制可节省导线,使线路简化、清晰,便于安装与检修,并且用电设备无需与车体绝缘,因此现代汽车广泛采用单线制。

(4) 负极搭铁　采用单线制时,蓄电池的一个电极需接到汽车车体或发动机机体的金属部分,俗称"搭铁"。若将蓄电池的负极接到汽车车体或发动机机体的金属部分,便称为"负极搭铁"。目前各国生产的汽车基本上都采用"负极搭铁"。

(四) 车身

车身指的是车辆用来载人装货的部分,也指车辆整体。有的车辆的车身既是驾驶员的工作场所,又是容纳乘客和货物的场所。汽车车身上的一些结构措施和设备还有助于安全行车和减轻事故的后果。车身包括车身壳体、车窗、车门、驾驶舱、乘客舱、发动机舱和后备厢等,在货车和专用汽车上还包括车厢和其他装备。为保证行车安全,在车上还装置有安全带、安全气囊及座椅头枕等。汽车车身按照功能可以大致分为两种部件:覆盖件和结构件,如图1-10所示。

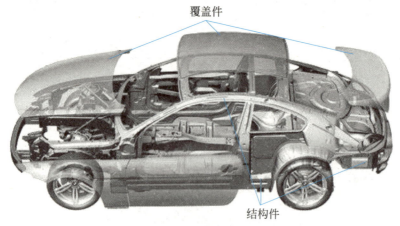

图1-10　汽车车身

按车身承载方式分类，车身结构分为非承载式车身（也称车架式车身）和承载式车身（又称为整体式车身）。非承载式车身的壳体与车架是可分离的两个部分，车架承受汽车运行所受到的荷载，车厢通过减振装置与车架相连接，基本上不承受荷载；承载式车身不再依靠车架承受荷载，而是将汽车的动力系统、行驶系统等主要部件直接安装在车身的指定位置上。这样做，可以大大减轻汽车自身质量，降低整车重心高度，是现代轿车设计的主导结构。

图1-11所示为典型承载式车身，整个车身没有单独的车架，主要由A柱、B柱、C柱、纵梁、门槛等组成。

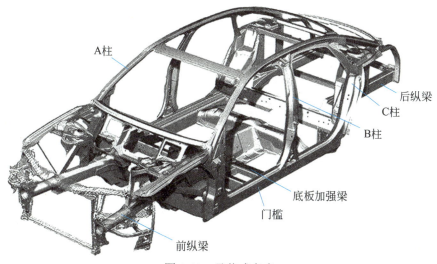

图1-11 承载式车身

二、汽车识别代码（VIN码）

1. 汽车识别代码的特点

> **小提示**
>
> 汽车识别代码（Vehicle Identificatien Number，缩写为VIN，俗称17位代码，因为VIN一般为17位，也有称车架号）是汽车制造厂为了识别一辆汽车而规定的一组字码，它由一组数字和字母组成（字母I、O、Q不能使用），共17位。

汽车识别代码经过排列组合，可以使车型生产在30年之内不会出现重号现象，这很像我们的身份证不会产生重号一样，它具有对车辆的唯一识别性，因此又有人将其称为"汽车身份证"。车辆识别代码中含有车辆的制造厂家、生产年代、车型、车身形式、发动机以及其他装备的信息。

图1-12所示为机动车行驶证上的VIN码。

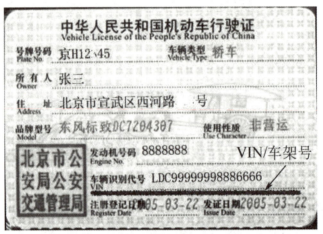

图1-12 机动车行驶证VIN码

通过VIN码能够查询到该车的生产国别、制造公司或生产厂家、车的类型、品牌名称、车型系列、车身形式、发动机型号、车型年款、安全防护装置型号、检验数字、装配工厂名称和出厂顺序号码等。

车辆识别代码具备许多重要的用途。例如，服务商用车辆识别代码识别生产厂家配置的发动机、变速和刹车系统，以便为车辆提供更合适的服务；执法机构用车辆识别代码识别或恢复被偷车辆和车辆配件；同样，车辆生产者需要安全召回车辆时也会用到车辆识别代码。

VIN码标准的制定和应用，在我国汽车工业飞速发展的今天，意义非常重大。广大车主无论在购买新车还是二手车时，都应该注意查看一下VIN码，通过VIN码可以了解汽车的真实产地（对进口车尤其重要）和内部的配置情况，防止上当受骗。

2. 汽车识别代码的位置

VIN码位于车辆的前半部分、易于看到且能防止磨损或替换的部位。VIN码常见位置有：仪表板左侧，前横梁，后备厢内，悬挂支架上，纵梁上，翼子板内侧，直接标注在车辆铭牌上；也可能固定在车辆门铰链柱、门锁柱或与门锁柱接合的门边的柱子上，接近于驾驶人员座位的地方；对于大型客车、货车则可能在整车底盘等地方。VIN码的常见位置如图1-13所示。

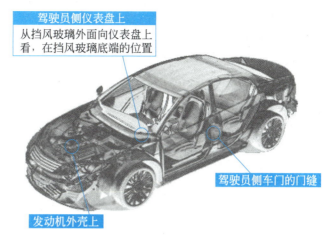

(a) 常见位置

(b) 前挡风玻璃左下方(最常见的位置)

(c) 减震器上支座处(别克轿车)

(d) 散热器横梁上(别克GL8汽车)

(e) 后备厢中(SAAB 9000轿车)

图1-13　VIN码的常见位置

3. VIN码的组成

如图1-14所示，VIN码的基本内容由三个部分组成：第一部分，世界制造厂识别代号（WMI）；第二部分，车辆说明部分（VDS）；第三部分，车辆指示部分（VIS）。

（1）第一部分　世界制造厂识别代码（WMI）由三位字母组成，必须经过申请、批准和备案后方能使用。第 1 位字码是标明一个地理区域的字母；第 2 位字码是表示这个特定区域的一个国家的字母；第 3 位字码是标明某个特定的制造厂的字母。第 1、2、3 位字码的组合将保证一个国家的某个汽车制造厂识别标志的唯一性。对于年产量小于 500 辆的制造厂，世界制造厂的汽车识别代码的第 3 位字码为数字 9。此时，车辆指示部分的第 3～5 位字码，即 17 位码的第 12～14 位字码将与第一部分的三位字码共同作为世界制造厂识别代码。

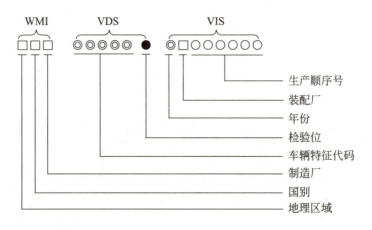

图 1-14　车辆识别代码的构成及含义

> **小提示**
>
> 我国的 WMI 前两位区段为 LA～LO，它规定了所有在中国境内生产的汽车产品的 WMI 编号必须在该区段内。以下是我国常见汽车制造厂家的 WMI 编号：LSV 表示上海大众；LSG 表示上海通用；LFV 表示一汽大众；LDC 表示神龙汽车；LEN 表示北京吉普；LHG 表示广州本田；LHB 表示北汽福田；LKD 表示哈飞汽车；LS5 表示长安汽车；LNP 表示南京菲亚特；LSG 表示上汽奇瑞；LNB 表示北京现代；LFP 表示一汽轿车；LGB 表示东风汽车；LDN 表示东南汽车。

（2）第二部分　车辆说明部分（VDS）由六位字码组成。分别由制造厂用不同的数字或字母标明车辆形式或品牌、车辆类型、种类、系列、车身类型、发动机或底盘类型、驾驶室类型以及车辆的其他特征参数。如果制造厂不用其中的一位或几位字码，则应在该位置填入制造厂选定的字母或数字占位。该部分的最后一位，即17位代码的第9位为制造厂检验位。检验位由0～9中的任一数字或字母X标明。其作用是核对VIN码记录的准确性。

（3）第三部分　车辆指示部分（VIS）由8位字码组成。第1位字码，即17位代码的第10位，表示汽车生产年份，年份代码按表1-5规定对照使用。

表1-5　我国VIN码中的年份代码

年份	代码	年份	代码	年份	代码	年份	代码
2001	1	2011	B	2021	M	2031	1
2002	2	2012	C	2022	N	2032	2
2003	3	2013	D	2023	P	2033	3
2004	4	2014	E	2024	R	2034	4
2005	5	2015	F	2025	S	2035	5
2006	6	2016	G	2026	T	2036	6
2007	7	2017	H	2027	V	2037	7
2008	8	2018	J	2028	W	2038	8
2009	9	2019	K	2029	X	2039	9
2010	A	2020	L	2030	Y	2040	A

第2位字码，即17位代码的第11位，用来指示汽车装配厂，若无装配厂，制造厂可规定其他的内容。对于年产量大于等于500辆的制造厂，此部分的第3～8位字码，即17位代码的第12～17位，表示生产顺序号；对于年产量小于500辆的制造厂，该部分第3～5位字码与第一部分的三位字码共同表示一个车辆制造厂，最后三位字码表示生产顺序号。

4. 部分汽车品牌的VIN码编码规则

下面对常见车型的VIN码中各代码的含义作一个简单说明，有些位置代码的类型较多，这里仅举其中几个车型加以说明。

（1）中国一汽集团VIN码代码含义

L	F	P	H	5	A	B	A	2	W	8	0	0	4	3	2	1
①	②	③	④	⑤	⑥	⑦	⑧	⑨	⑩	⑪	⑫	⑬	⑭	⑮	⑯	⑰

第①位为生产国别代码。L 表示中国。

第②位为制造厂商代码。F（First）表示一汽。

第③位为车型类型代码。P（Passenger）表示轿车。

第④位为车辆品牌代码。H 表示红旗牌。

第⑤位为发动机排量代码。5 表示 2.1～2.5L。

第⑥位为发动机类型及驱动形式。A 表示汽油，前置，前轮驱动。

第⑦位为车身形式代码。B 表示四门折背式。

第⑧位为安全保护装置代码。A 表示手动安全带。

第⑨位为工厂检验位代码。用数字 0～9 或 X 表示。

第⑩位为生产年份代码。W 表示生产年份为 1998 年。

第⑪位为生产装配工厂。8 表示第一轿车厂。

第⑫～⑰位为表示工厂生产顺序号的代码。

（2）上海通用汽车 VIN 码代码含义

L	S	G	S	J	6	2	U	8	2	S	3	1	0	7	3	1
①	②	③	④	⑤	⑥	⑦	⑧	⑨	⑩	⑪	⑫	⑬	⑭	⑮	⑯	⑰

第①～③位为世界制造厂识别代码。LSG—上海通用汽车有限公司。

第④、⑤位为车型代码。WG 表示 SGM7200（别克君威 2.0）；DC 表示 SGM6510 GL8（别克 GL8）；SJ 表示 SGM7160SL（赛欧）。

第⑥位为车身类型代码。5 表示三厢四门轿车；6 表示二厢四门仓背式轿车；8 表示二厢四门旅行车。

第⑦位为约束系统代码。2 表示手动安全带及驾驶人、前排乘客安全气囊。

第⑧位为发动机类型代码。C 表示 LW9、2.98 L、V6、OHC、SFI；D 表示 LB8、2.49L、V6、OHC、SFI；U 表示 L91、1.6L、DOHC、MPFI。

第⑨位为检验位代码。

第⑩位为年份代码。2 表示生产年份为 2002 年。

第⑪位为装配厂代码。S 表示上海通用汽车有限公司上海厂区；Y 表示上海通用汽车有限公司烟台厂区。

第⑫～⑰位为车辆制造顺序号。

三、汽车玻璃上的标识

汽车玻璃是汽车车身附件中必不可少的部件，能提供良好的视线，主要起到防护作用，是驾乘人员的安全保障。汽车玻璃按所在的位置分为：前挡风玻璃、侧窗玻璃、后挡风玻璃和天窗玻璃 4 种。汽车上的每块玻璃都印有相关的标识，如图 1-15 所示。汽车玻璃标识的含义，对选购二手车有着重要的作用。

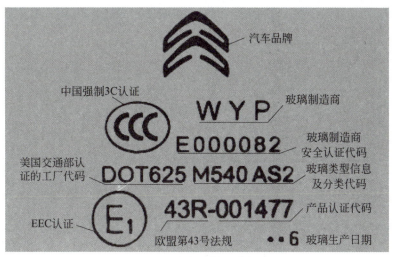

图 1-15　汽车玻璃上的标识

1. **玻璃上的汽车品牌标志**

汽车玻璃上一般都会印有汽车生产厂商的品牌标志，而且所有玻璃上都有这样的标志，如图 1-16 所示。

图 1-16　玻璃上的汽车品牌标志

2. **玻璃制造商的品牌标志**

全球汽车玻璃市场被高度垄断，世界及我国汽车玻璃知名品牌如图 1-17 所示。

（1）皮尔金顿公司是世界上最大的玻璃生产集团之一，1826 年创建于英国，宾利、法拉利、奔驰、宝马等世界级名车均采用皮尔金顿制造的专业挡风玻璃，后被日本板硝子收购。

（2）板硝子株式会社是一家日本玻璃制造商，在 2006 年购买了英国皮尔金顿，全球四大玻璃制造公司之一。

（3）旭硝子株式会社是日本一家玻璃制品公司，为全球第二大玻璃制品公司，1907 年成立至今超过一百年。旭硝子产品为各种玻璃制品与半成品。

（4）圣戈班是法国一家大型的跨国企业，在汽车玻璃领域，排名世界第三、欧洲第一，在国内主要为大众、通用、奔驰、宝马、神龙、日产等提供包边挡风玻璃及侧窗玻璃。

（5）加迪安玻璃集团是世界最大的平板玻璃公司之一，也是全球四大玻璃制造公司之一。

（6）福耀是我国最大的汽车玻璃配套厂商，也是国内最具规模、技术水平最高、出口量最大的汽车玻璃生产供应商。

皮尔金顿

圣戈班

板硝子

加迪安

旭硝子

福耀

图 1-17 汽车玻璃知名品牌

3. 中国强制 3C 认证

中国强制 3C 认证是中国强制性产品认证制度，英文名称 China Compulsory Certification。它是政府为保护消费者人身安全和国家安全、加强产品质量管理、依照法律法规实施的一种产品合格评定制度。需要注意的是，3C 标志并不是质量标志，而只是一种最基础的安全认证。

4. 汽车玻璃制造商的安全认证代码

国家强制要求的安全认证信息。E 代表安全玻璃认证，6 位数字是生产厂家代码，同一品牌不同生产地具有不同的代码。

5. EEC 认证（E-mark 认证）

根据欧洲经济委员会（ECE）的 ECE 法规实施的一种对汽车部件的批准制度。表示该产品也经过了这些国外认证机构的认证许可，并可以向国外出口。有的企业获得国外认证仅仅是为说明其产品的质量具有"国标水准"。E+ 圆形外框，用于汽车零部件认可标志。"E"后面的数字代表颁发 E-mark 证书的各个不同成员国的代号，如 E1 代表德国，E4 代表荷兰。

6. 玻璃的生产日期

（1）查看玻璃的生产日期 玻璃上的数字代表年，5 就代表 2015 年生产。黑点在数字左边代表上半年生产，右边代表下半年生产。左边有几个黑点就用7减去几，若是一个黑点就用7-1=6，即这块玻璃是2015年6月份生产的；如果黑点在数字右边，就用13减去几个黑点。

如图1-18中，图1-18（a）中的玻璃生产日期为2020年7月，图1-18（b）中的玻璃生产日期为2018年1月。

 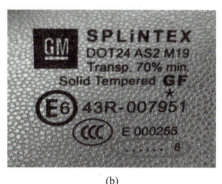

(a)　　　　　　　　　　　　　　(b)

图1-18　玻璃的生产日期

（2）判断玻璃是否更换　一般情况下，汽车玻璃的出厂日期应该和汽车整车的出厂日期相近。玻璃作为汽车配套的配件，其生产日期要比整车的出厂日期要早，如果玻璃生产日期晚于整车的出厂日期，可以判定该车的玻璃是更换过的。

7. DOT+数字

DOT是美国交通运输部（United Stated Department of Transportation）的缩写，总部位于华盛顿。DOT ID，是用来识别产品生产工厂的。没有ID的厂家，只需在自己的产品上打印上厂名或商标，交通部则可以识别。

8. M540 AS2

美国交通部DOT认证代码以及玻璃分类代码。M540，它主要是用于标注一些玻璃的类型信息，例如颜色、厚度等等。一般一个厂家可以有多组号码。AS2，琉璃分类代码。"AS1"代表的是这块玻璃的透光率不小于70%，即"清楚的玻璃"、"可用于前风挡"；"AS2"代表光线传输率不小于70%的玻璃，但它的可用范围是"可用于除前风挡外的任何部位"。

有的汽车玻璃上写有LAMINATED，是表示玻璃的类型为夹层玻璃。如果是钢化玻璃就写为TEMPERED。

四、汽车轮胎的标识

汽车轮胎上的标识很多，有轮胎品牌、规格（型号）、生产日期等标识。

1. 轮胎的规格

如图 1-19 所示，以轮胎的规格 195/60 R 14 85 H 为例进行说明。

$$扁平比 = \frac{断面高度}{断面宽度} \times 100\%$$

图 1-19　轮胎的规格

① 195 表示轮胎宽度 195mm，货车子午线轮胎的宽度一般用英寸（in）为单位。

② 60 表示扁平比为 60%，扁平比为轮胎高度 H 与宽度 B 之比，有 60、65、70、75、80 五个级别。

③ R 表示子午线轮胎，即"Radial"的第一个字母。

④ 14 表示轮辋直径或轮胎内径为 14in。

⑤ 85 表示荷重等级，即最大载荷质量。荷重等级为 85 的轮胎的最大载荷质量为 515kg。

⑥ H 表示速度等级，表明轮胎能行驶的最高车速。轮胎速度等级对应表如表 1-6 所示。

汽车高速行驶时，会使整个轮胎的温度升高，从而导致胎面磨损加剧，轮胎都有其设计的临界速度。为了安全，轮胎是不允许超过设计速度使用的，而应根据轮胎的速度等级来使用。

另外，在轮胎规格前加"P"表示轿车轮胎；在胎侧标有"REINFORCED"表示经强化处理，"RADIAL"表示子午线胎，"TUBELESS"（或 TL）表示无内胎（真空胎），"M+S"（Mud and Snow）表示适于泥地和雪地，"→"表示轮胎旋向，不可装反。

表 1-6　轮胎速度等级对应表

速度级别	最高时速	适用范围
L	120km/h	紧凑级轿车
M	130 km/h	
N	140 km/h	
P	150 km/h	
Q	160 km/h	
R	170 km/h	
S	180 km/h	
T	190 km/h	
U	200 km/h	中高端轿车
H	210 km/h	
V	240 km/h	
W	270 km/h	大型豪华轿车、超级跑车等
Y	300 km/h	
ZR	超过 240 km/h	

2. 轮胎的生产日期

如图 1-20 所示，轮胎生产日期可察看轮胎侧面相应的数据。生产日期的后两位代表生产年份，前两位代表是第几周生产，图中该轮胎为 2020 年第 12 周生产。

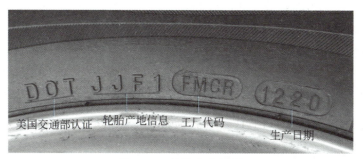

图 1-20　轮胎生产日期

五、汽车使用寿命与报废标准

（一）汽车使用寿命

机动车使用寿命主要可分为技术使用寿命、经济使用寿命和合理使用寿命等。

1. 机动车技术使用寿命

机动车技术使用寿命是指车辆从开始使用直至其主要机件到达技术极限状态而不能再继续修理时为止的总工作时间或总行驶里程。这种极限的标志，在结构上是零部件的工作尺寸、工作间隙，在性能上常表现为车辆总体的动力状态或燃、润料的超耗。

2. 机动车经济使用寿命

机动车经济使用寿命是指机动车使用到相当里程和使用年限，对其进行全面经济分析之后得出机动车已到达不经济合理、使用成本较高的寿命时刻。

评价汽车经济使用寿命的主要指标有年限、行驶里程、使用年限等。

（二）汽车报废标准

我国机动车相关报废标准始于1997年7月15日发布的《汽车报废标准》，其中对于私家车的强制报废标准为期限10年，行驶10万千米。之后，随着我国汽车工业的迅速发展，车辆技术水平的提升，这一限制显得过于苛刻。在2000年发布的《汽车报废标准规定》中，虽然私家车仍有年限限制，但是可通过年检将期限延长为15年。2006年，商务部就《机动车强制报废标准规定》征求意见，首次取消了小、微型非营运载客汽车使用年限限制，该举措被认为是新规定中最为重要的变化。

为保障道路交通安全，鼓励技术进步，加快建设资源节约型、环境友好型社会，商务部、国家发展和改革委员会、公安部和环境保护部根据《中华人民共和国道路交通安全法》及其实施条例、《中华人民共和国大气污染防治法》、《中华人民共和国环境噪声污染防治法》，制定并公布了《机动车强制报废标准规定》，于2013年5月1日起施行。

凡达到报废标准的机动车，其所有人应将机动车交售给报废机动车回收拆解企业，由报废机动车回收拆解企业按规定进行登记、拆解、销毁等处理，并将报废的机动车登记证书、号牌、行驶证交公安机关交通管理部门注销。

商务部、公安部、环境保护部、发展和改革委员会等部门依据各自职责，负责报废机动车回收拆解监督管理、机动车强制报废标准执行等相关工作。

《机动车强制报废标准规定》从累计行驶里程数和（或）使用年限两个方面，对各类机动车的报废年限（里程）做了具体规定，如表1-7所示。

表1-7 机动车强制报废标准规定

车辆类型与用途				使用年限/年	行驶里程参考值/万千米
汽车	载客	营运	出租客运 小、微型	8	60
			出租客运 中型	10	50
			出租客运 大型	12	60
			租赁	15	60
			教练 小型	10	50
			教练 中型	12	50
			教练 大型	15	60
			公交客运	13	40
			其他 小、微型	10	60
			其他 中型	15	50
			其他 大型	15	80
			专用校车	15	40
		非营运	小、微型客车，大型轿车*	无	60
			中型客车	20	50
			大型客车	20	60
	载货		微型	12	50
			中、轻型	15	60
			重型	15	70
			危险品运输	10	40
			三轮汽车、装用单缸发动机的低速货车	9	无
			装用多缸发动机的低速货车	12	30
	专项作业		有载货功能	15	50
			无载化功能	30	50
挂车		半挂车	集装箱半挂车	20	无
			危险品运输半挂车	10	无
			其他	15	无
		全挂车		10	无
摩托车			正三轮摩托车	12	10
			其他	13	12
轮式专用机械车				无	50

注：1. 表中机动车主要依据《机动车类型术语和定义》进行分类；标注"*"车辆为乘用车。

2. 对于小、微型出租客运汽车（纯电动汽车除外）和摩托车，省、自治区、直辖市人民政府有关部门可结合本地实际情况，制定严于表中使用年限的规定，但小、微型出租客运汽车使用年限不得低于6年，正三轮摩托车使用年限不得低于10年，其他摩托车使用年限不得低于11年。

第二章
二手车车况鉴定与评估

第一节 基本信息核查

一、二手车法定证件的核查

> **小提示**
>
> 机动车法定证件主要有机动车来历证明、机动车行驶证、机动车登记证书、机动车号牌、道路运输证、机动车安全技术检验合格标志等。

1. 核查机动车来历证明

机动车来历证明的凭证除了机动车新车销售发票（即原始购车发票）、二手车销售发票（二手车销售发票反映了即将交易的车辆曾是一辆已经交易过的合法使用的二手车）之外，还有人民法院出具的《调解书》《裁定书》《判决书》以及相应的《协助执行通知书》，公证机关出具的《公证书》，国家机关出具的《调拨证明》，保险公司出具的《权益转让证明书》等。

图 2-1 所示为二手车销售统一发票样本。

2. 核查机动车行驶证

《中华人民共和国道路交通安全法》第十一条规定，机动车行驶证是车辆上路行驶必需的证件。在二手车鉴定评估的手续检查中，机动车行驶证也是检查二手车合法性的凭证之一。新版的机动车行驶证上标注有机动车的重要信息，如图 2-2 所示。

通过查验机动车行驶证上的号牌号码、车辆识别代号、发动机号、车架号与车辆实物是否一致，是否有改动、凿痕、锉痕、重新打刻等情况，车辆颜色与车身装置是否与行驶证一致等项目可以初步判断二手车是否合法。

3. 核查机动车登记证书

核查机动车登记证书（图 2-3）是二手车鉴定评估人员必须认真查验的手续。与机动车行驶证相比，机动车登记证书的内容更详细，一些评估参数必须从机动车登记证书获取，如使用性质、国产/进口等。

4. 核查机动车号牌

机动车号牌是机动车取得合法行驶权的标志。《中华人民共和国道路交通安全法》中第十一条规定：机动车号牌应当按照规定悬挂并保持清晰、完整，不得故意遮挡、污损。

二手车销售统一发票

发票联

发票代码

发票号码

开票日期:

机打代码 机打号码 机器编号		税控码			
买方单位/个人		单位代码/身份证号码			
买方单位/个人住址				电话	
卖方单位/个人		单位代码/身份证号码			
卖方单位/个人住址				电话	
车牌照号		登记证号		车辆类型	
车架号/车辆识别代码		厂牌型号		持入地车辆管理所名称	
车价合计（大写）				小写	
经营、拍卖单位					
经营、拍卖单位地址				纳税人识别号	
开户银行、账号				电话	
二手车市场		纳税人识别号			
		地址			
开户银行、账号				电话	
备注:					

第一联 发票联

开票单位（盖章）　　开票人　　手写无效

图 2-1　二手车销售统一发票样本

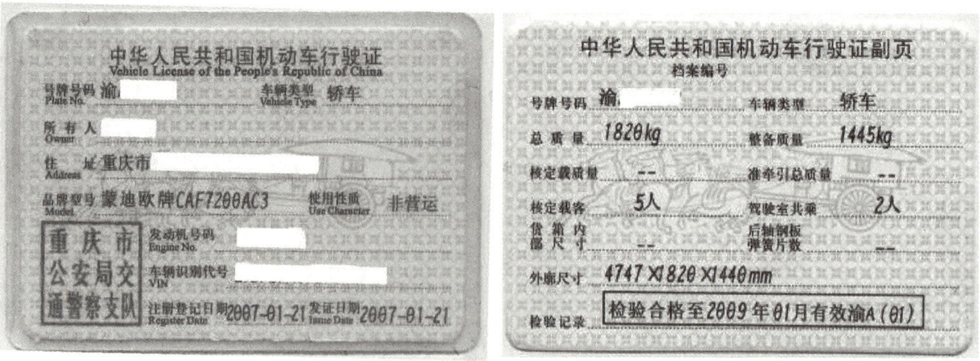

图 2-2　机动车行驶证

图 2-3　机动车登记证书

5. **核查道路运输证**

运营车辆应有道路运输证。

6. **核查机动车安全技术检验合格标志**

如果机动车无合格标志或标志无效,则不能交易。

7. **核查机动车尾气合格证**

如果无机动车尾气合格标志或标志无效,则不能交易。

二、二手车税费的核查

根据《二手车流通管理办法》规定,二手车交易必须提供车辆购置税、车船税和车辆保险费等税费缴付凭证。

1. **核查车辆购置税**

核查是否具有真实的车辆购置税完税凭证。如果为免税车,应查实其是否符合免税的有关规定。

2. **核查车船税**

核查是否具有真实的车船税完税凭证。如果没有此凭证,但按规定能够补办,则应在价格评估时将此项费用扣除（包括新交税费、补交税费及滞纳金等）。

3. 核查机动车保险单

核查是否投保了以下险种，并确认其保险单的真实性。

① 交强险。

② 商业险。一般包括主险中的车辆损失险、第三者责任险和附加险中的盗抢险等。

三、车主信息的核查

① 了解机动车行驶证登记所有人与委托人的身份证是否一致，判断二手车交易人员（委托者）是否是原车主，因为只有原车主才有车辆处置权，否则，在交易后可能会引起不必要的麻烦。

② 如果是单位车辆，应了解单位名称及隶属关系，核查单位组织机构代码证和经办人身份证复印件（必须在有效期内）。

第二节　二手车静态检查与评估

一、车身外观的检查与评估

二手车外观检查是二手车技术状况检查的首要步骤，这项检查不是仅仅看看外表而已，其实是查看车辆是否为事故车。查看时可从车头、车门、后备厢等处查起。检查车头时，以发动机盖板为主体，要仔细查看与叶子板的密合度或发动机盖板与左右叶子板留有的缝隙是否一致，发动机盖板与前照灯是否平整地切齐，发动机盖板与挡风玻璃之间的间隙是否一致或留有原车的涂漆等。

（一）车身漆面的检查

1. 检查

（1）目测检查　漆面目测检查项目见表2-1。

表2-1　车身漆面目测检查项目

检查项目	说　　明
车身平整度	如有大面积撞伤的部位，补腻子的面积比较大，则在工人打磨腻子时往往磨不平，因而补过漆后，车身表面看上去如同微微的波浪一样凹凸不平。该项检查，在车辆的侧面迎光观察效果很好

续表

检查项目	说　明
补漆质量	补过的漆往往有如下质量问题：丰满度不如原车的油漆，油漆表面有流痕，表面有不规则的小麻坑，表面有小麻点。车辆成色越好，上述质量问题越少
油漆色差	新补的油漆，往往色彩不同于原车漆色，一般经电子配漆配出的漆色比原车的漆色鲜艳，而人工调出的漆色多比原漆色调暗淡。如果车龄较长，补漆往往比较多，因而整个车身各个部位颜色都有差异，甚至找不出原车的漆色。经多次修补后漆面厚度较厚，小磁铁不易吸附上去，该地方说明已填补过。也可以轻轻敲打钣金件表面，声音较清脆的地方为原车钣金件，声音较浑厚的地方为后期修补过

通过上述漆面质量问题检查，可以判断一辆车以前被撞面积有多大，车身可能受过多大的损伤。假如发现油漆表面有龟裂现象，且车未发生过碰撞，那么该车至少已使用了 10 年。

（2）用检测仪检查漆膜厚度　漆膜厚度可以用漆膜厚度仪进行精确测定，测量的分辨率可达 0.1μm，精度可达到 1%。

图 2-4 所示为用漆膜厚度仪检测车身漆膜厚度。

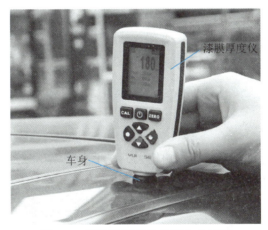

图 2-4　用漆膜厚度仪检测车身漆面

2. 漆面常见缺陷

二手车在使用过程中，漆面损伤在所难免。而在涂装修理操作中，也难免会出现修复缺陷，评估师要掌握分析缺陷的产生机理，并具备对各类缺陷进行补救的技能。漆面涂装过程中常见的缺陷包括酸溶剂侵蚀、漆雾、褪色、鼓泡、起云、开裂、灰尘、表面无光、起皱、咬底、流淌、砂纸痕、橘皮、塑料件脱漆和灰印等，如图 2-5 所示。

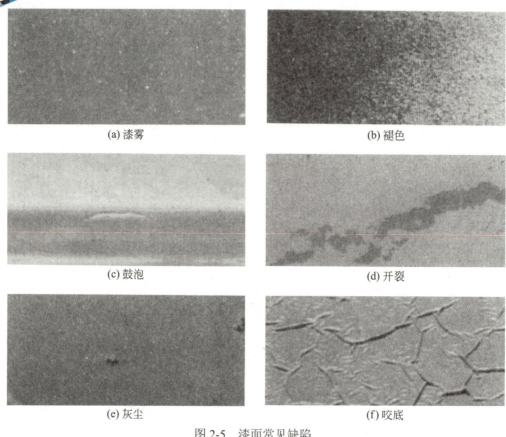

图 2-5　漆面常见缺陷

3. 修复成本

二手车漆面状况对交易价格影响较大，二手车买卖当中漆面维修是常见工作。各地喷漆费用的计算方法各不相同，有的是以面积乘以单价的计算方法；有的是以常见覆盖件单件计算方法。喷漆工时费应包含喷漆需要的原子灰、漆料、油料、辅助添加剂等材料费。

（1）喷漆面积的确定　局部喷漆范围以最小范围喷漆为原则（即以该部位最近的接缝、明显棱边为断缝收边），如翼子板腰线上部损伤以腰线以上的面积计算，而不是整个翼子板全喷面积。

（2）喷漆单价的确定　常见的面漆大多以进口或合资品牌为主，如杜邦、新劲、PPG 等品牌。面漆的种类与名称繁多，但大致可归结为喷漆和瓷漆。漆种的鉴别也较为简单，可用原车加油口盖直接通过电脑分析判断汽车原面漆的种类；也可以现场用蘸有硝基漆稀释剂（香蕉水）的白布摩擦漆膜，观察漆膜的溶解度：如果漆膜溶解，并在白布上留下印迹，就是喷漆，反之则为瓷漆。如果是瓷漆，再用砂纸在损伤部位的漆面轻轻打磨几下,鉴别是否漆了透明漆层:如果砂纸磨出白灰,就是透明漆层;如果砂纸磨出颜色,就是单级有色漆层。最后借光线的变化,用肉眼看一看颜色有无变化,如果有变化,就是变色漆。

虽然各地喷漆费用的计算方法各不相同,但单位面积的涂饰费用基本相同。

(3)常见覆盖件的喷漆费 在实际工作中,常以覆盖件单件计算方法确定喷漆费用。常见覆盖件的喷漆费用可以根据车辆的类型、维修厂类别选择合适的喷漆标准。注意:车身划痕全车喷漆在不同修理厂对应的金额基础上适当下调(约7%)。

(二)车身配合间隙的检查

二手车检查时通过观察车身外观钣金件的配合间隙是否均匀、轮廓线是否平齐等情况,可快速、准确地分析、判断、检验车辆是否为事故修复车,从而正确判断其价格。

1. 车辆发生碰撞后或修复后车身钣金件比较容易出现的各种间隙变化

车辆发生碰撞后或修复后车身钣金件比较容易出现的各种间隙变化见表2-2。

表2-2 车辆发生碰撞后或修复后车身钣金件比较容易出现的各种间隙变化

间隙的变化	说明	图示
发动机盖与两侧前翼子板间隙前部变大	车辆前部受到撞击后,散热器(水箱)框架上横梁将会向后侧发生变形,弧形部位在撞击力的影响下将会向两侧伸展,整体长度增加,挡泥板前端将会向外侧发生移位变形,从而导致发动机盖与两侧前翼子板间隙前部变大,如图2-6所示	图2-6 发动机盖与两侧前翼子板间隙前部变大
发动机盖与前翼子板一侧前小后大,另一侧前大后小	多发生于车辆前部侧向撞击。外部表现特征为,撞击侧的发动机盖与翼子板间隙前小后大,另一侧发动机盖与翼子板的间隙则为前大后小,如图2-7所示	图2-7 发动机盖与前翼子板一侧大小不一

续表

间隙的变化	说明	图示
前翼子板与前车门的间隙上大下小	如果是一些老式车型，或者使用较长时间的车辆，车门铰链磨损，通常是造成这种间隙变化的主要原因。车辆处于支撑状态时，由于前部发动机及其他零部件的重力作用，也会导致这种间隙变化的现象出现。排除这两种因素的情况下，通常说明挡泥板前端或连同纵梁前端整体向下发生了移位变形，如图2-8所示。同理，后门与后翼子板缝隙出现上大下小情况时，通常是后部车身向下发生损伤变形所致，并且后门与车顶梁、下门槛的间隙也将出现不均匀的现象	图2-8 前翼子板与前车门的间隙上大下小
前、后车门缝隙均匀，车身线高度不齐	此种现象在大事故车辆修复过程中，出现的概率较高。主要原因为前后车门高度调整不适，或前立柱与中立柱发生上下高度错位变形。通常，根据前门与前翼子板的车身线对齐情况、后门与后翼子板的车身线对齐情况，以及车门与车顶梁、下门槛的间隙等，就可以判断出是哪个车门高度调整不适，或者哪个车身立柱发生了高度变形，如图2-9所示	图2-9 前、后车门缝隙均匀，车身线高度不齐

2. 车身前部间隙检查

车身前部间隙测量点如图2-10所示，要求上下间隙均匀、标准，不同车型标准值有所不同（图中所示值为上海大众途观汽车数据），应参照相关维修手册。

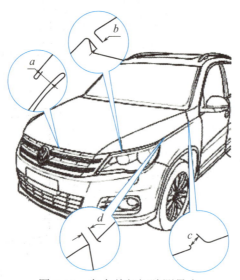

图2-10 车身前部间隙测量点

图2-10中所示尺寸：$a=(7.5±1)$ mm；$b=(5.5±1)$ mm；$c=(5.5±1)$ mm；$d=(5±1)$ mm。

3. 车身中部（侧部）间隙检查

车身中部（侧部）间隙测量点如图2-11所示，要求上下间隙均匀、标准，不同车型标准值有所不同（图中所示值为上海大众途观汽车数据），应参照相关车辆的维修手册。

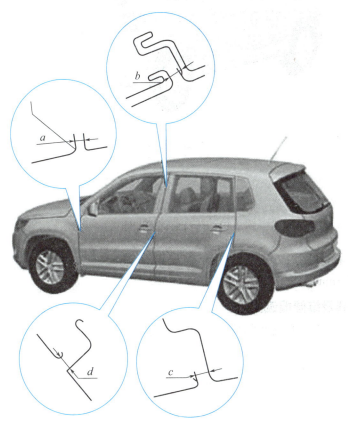

图2-11　车身中部（侧部）间隙测量点

图2-11所示尺寸：$a=(4±1)$ mm；$b=(4.5±1)$ mm；$c=(4±1)$ mm；$d=(4.5±1)$ mm。

4. 车身后部间隙检查

车身后部间隙测量点如图2-12所示，要求上下间隙均匀、标准，不同车型标准值有所不同（图中所示值为上海大众途观汽车数据），应参照相关维修手册。

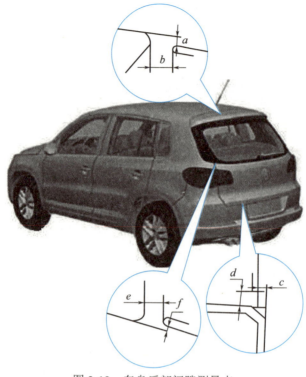

图 2-12　车身后部间隙测量点

图 2-12 所示尺寸：$a=(7±0.5)$ mm；$b=(3±1)$ mm；$c=(3.5±0.5)$ mm；$d=(6±1)$ mm；$e=(1±1)$ mm；$f=(5±1)$ mm。

5. 车身腰线及维修痕迹检查

图 2-13 所示为车身腰线的检查。可在车身 45°方向观察车身线条是否整齐，漆面是否平整。

图 2-13　车身腰线的检查

6. 车身维修其他检查

现在二手车的翻新、修复技术水平都很高明，对于非专业人士来讲上当受骗是常见的。现在二手车市场的二手车价格相对比较透明，但在同一价格下如何挑选到一个车况比较好的车子，就需要掌握相关检查知识，通过基本检查，即通过目测检查车辆外观，判断是否有维修痕迹等。

① 图 2-14 所示为车窗玻璃、挡风玻璃胶条的检查。检查玻璃密封胶条，若胶条内外漆不一致，说明此处维修过。

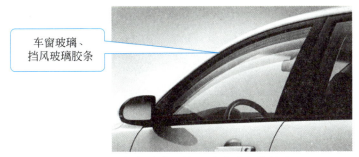

图 2-14　车窗玻璃、挡风玻璃胶条的检查

② 图 2-15 所示为车身 A 柱及门铰链的检查。检查车身 A 柱及门铰链是否有维修的痕迹。

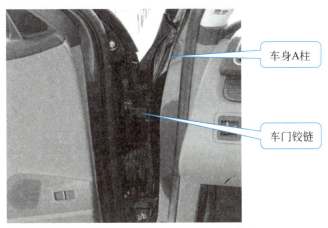

图 2-15　车身 A 柱及门铰链的检查

③ 图 2-16 所示为车身 B 柱的检查。检查车身 B 柱是否有维修的痕迹。

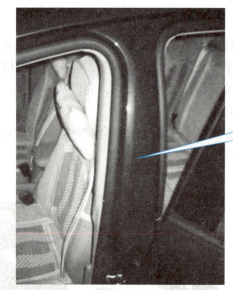

图 2-16 车身 B 柱的检查

④ 图 2-17 所示为发动机盖的检查。检查减震胶、发动机盖骨架是否有维修的痕迹。

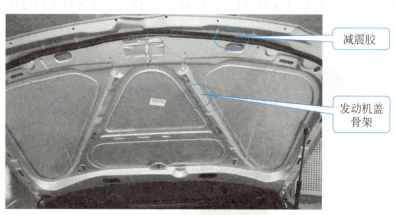

图 2-17 发动机盖的检查

⑤ 图 2-18 所示为翼子板紧固螺钉的检查。目测检查时,应注意检查钣金件的螺钉固定位置是否错位。对于曾经维修过的车辆,还应检查螺钉孔是否有被改动的迹象。

⑥ 防腐胶(钣金胶)开裂。结构件部位钣金胶如果开裂(图 2-19),说明撞击力已传递到这些部位,车身已有一定的损伤。

图 2-18 翼子板紧固螺钉的检查

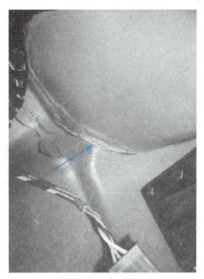

图 2-19 防腐胶（钣金胶）的检查

⑦ 图 2-20 所示为后备厢的检查。检查后备厢是否有修复的痕迹或锈蚀的现象，检查后备厢内的密封胶是否为原装，有无修复的痕迹。检查备胎工具是否齐全。

⑧ 检查吸能区域。车辆碰撞后，吸能区域将会按照厂家的设计要求，出现隆起或凹陷变形（图 2-21）。吸能区域是目测损伤诊断的首要检查部位，变形与否通常可以说明车辆的使用情况。

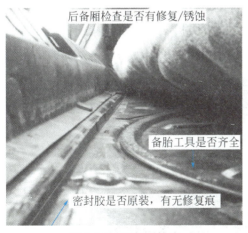

图 2-20 后备厢检查

图 2-21 吸能区域的检查

⑨ 油漆层开裂的检查。一些严重的事故碰撞中，远离直接撞击点的形变区域、转角部位等，有可能会出现油漆层开裂现象（图 2-22）。说明损伤已经波及这些范

围,应力通常集中于此。

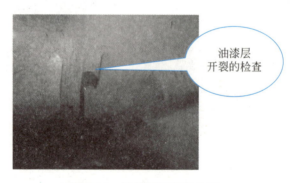

图2-22 油漆层开裂的检查

⑩ 车门开关时的声音检查。正常情况下,车门、后备厢盖开启顺畅,无卡滞的感觉及摩擦的声音,关闭时应该发出沉闷的"砰、砰"声音。如果关闭时发出其他类型的杂音,则说明车身立柱、安装密封条的凸缘位置,以及车门等存在变形的可能性,车辆的密封性能也将会受到很大影响,应对上述部位仔细进行检查。

二、发动机舱的检查

1. 发动机外部清洁状况的检查

① 如图2-23所示,检查发动机外部清洁状况。发动机外部有少量油迹和灰尘是正常的,如果灰尘过多,表明车主对车辆维护不认真和车辆使用环境恶劣;如果一尘不染,说明发动机刚刚经过清洁处理。

② 检查发动机主要部位是否有油迹,如曲轴油封、凸轮轴油封(图2-24)等处。如有油迹,说明该处的油封已老化。

图2-23 检查发动机外部清洁状况

图 2-24　凸轮轴油封

2. 润滑系统的检查

① 检查机油平面高度，如图 2-25 所示，一般机油尺上都有高、低油位的刻线或指示孔，如果机油平面在这两个油位之间，则表示正常。因此，可再将擦干净的机油尺从油箱中拉出来，检查机油尺上的油位。如果油位过低，应了解上次更换机油的时间和间隔里程，如果时间和间隔里程正常，说明发动机烧机油；如果机油平面过高，说明发动机严重窜气或漏水。

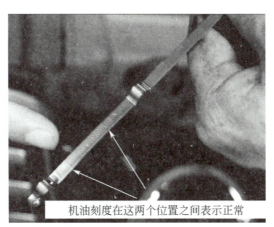

图 2-25　检查机油平面高度

② 如图 2-26 所示，检查机油颜色。可以拿出一张白纸，拔出机油尺在纸上擦拭，观察机油颜色和杂质的情况。一般在换过机油后，车辆使用一段时间后机油颜色会变黑，这是正常的；如果机油显现其他颜色，则都是不正常的现象。

> **小提示**
>
> 如果发现机油的颜色变灰、变白或机油有乳化现象,则说明机油中混入了水,可能是发动机冷却系统和燃烧系统有连通泄漏情况。

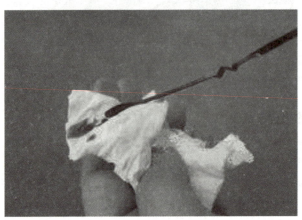

图 2-26　机油颜色的检查

③ 检查机油盖口。拧下加油盖,将它翻过来观察底部,这样可以在加油盖底部看到旧油甚至脏油的痕迹。

> **小提示**
>
> 如果加油盖底面有一层黏稠的深色乳状物,还有与油污混合的小水滴,则就是不正常的情况了,可能是缸垫、缸盖或缸体有损坏,导致防冻液渗入机油中造成的。如果有这种情况发生,则被污染的机油有可能对发动机内部造成损害,发动机可能需要大修。

④ 一些行驶里程较长的车辆,机油滤清器座的密封垫会老化渗漏,油底壳垫以及发动机上的一切密封垫都会存在老化渗漏的问题。所以,检查密封垫渗漏只需检查发动机底部是否干爽;如有泄漏,寻找渗漏的相关部位,如图 2-27 所示。

3. 冷却系统的检查

① 检查冷却液的液面是否符合标准。当发动机处于冷却状态时,冷却液应该充满散热器,而冷却液储液罐中的冷却液液位应该位于"max(或 FULL)"和"min(或

LOW）"标记之间，如图 2-28 所示；如果液位低于或者接近"min（或 LOW）"标记，则表明缺少冷却液，说明该车维护不及时。

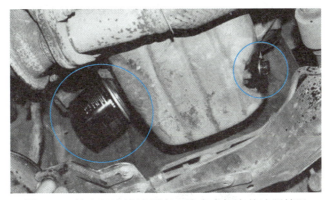

图 2-27　检查机油滤清器座、油底壳螺塞的渗漏情况

图 2-28　检查冷却液的液面

② 检查冷却液的液面上是否有异常现象。打开发动机盖，首先检查水箱部分，但检查的前提是冷车状态，否则很容易被溅出的水烫伤；打开水箱盖后，注意观察冷却水面上是否有其他的异物漂浮，如锈蚀的粉屑、不明的油污等。

> **小提示**
>
> 如果发现有油污浮起，则表示可能有机油渗入到冷却水内；如果发现浮起的异物是锈蚀的粉屑，则表示水箱内的锈蚀情况已经很严重。一旦发现上述情况，就表示该车的发动机状况不是很好，需特别注意。

③ 现在汽车发动机常年使用防冻液作为发动机冷却液，如果冷却液已变成水，则首先应了解其原因，并分析二手车可能有的毛病，如事故、发动机温度高、发动机漏水；如果冷却液内有油污，则一般可认为气缸垫处漏气；如果冷却液混浊，则要向车主询问原因，并特别注意发动机温度。

4. 蓄电池的检查

现在汽车蓄电池一般均为免维护蓄电池，仍以硫酸蓄电池为主，其寿命一般为4年左右。蓄电池两接线柱应没有大量白色粉末（硫酸盐、氧化物，如图2-29所示）附贴在上面，蓄电池电解液的液面高度应一致，并在规定的上下刻度线之间（图2-30）。蓄电池外壳应干爽、洁净，绝对没有裂痕。

图2-29 蓄电池上的氧化物

小提示

如果蓄电池电解液的液面过底，则一般为发动机充电电流过大，液面经常处于过低状态，将大大降低蓄电池的寿命；如果有个别格电解液液面过低，则一般为个别格漏液，可以从蓄电池底部托盘上观察到漏液的痕迹。

图2-30 电解液液面高度刻线

5. 自动变速箱油的检查

自动变速箱油的检查大多是通过油尺来进行的，油尺标有热态和冷态等最高油位和最低油位刻度（图2-31），如果油量在这两个刻度之间就是正常的。如果油位过低，则表示应该加油了，但也可能表示这辆车有漏油的情况产生。

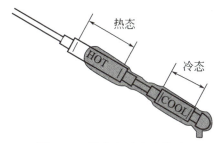

图 2-31 检查自动变速箱油

小提示

检查变速箱油最重要的是查看油是否变色。一般来说，变速箱油呈现红色，如果发现变成棕色，则表示该车的变速箱可能发生了故障；如果闻到焦味，则表示变速箱磨损情况严重，一旦买回此类车，可能需花一笔不小的大修费用。

6. 空气滤清器的检查

如图2-32所示，打开空气滤清器的盒盖，看看里面的清洁程度如何。如果灰尘很多，滤芯很脏，则表示这辆车的使用程度较高，而且该车的前一位车主对车的保养也较差，没有定期更换滤芯。由此可设想，一辆车的保养差，车况也不会太好。

图 2-32 检查空气滤清器

7. 其他部件的检查

① 检查发动机主要附件是否完好。

② 检查发动机、起动机、空调压缩机、转向助力泵等外观是否正常,是否有漏油、漏水、漏气、漏电现象,是否有松动现象。

三、驾驶室和车厢内部检查

① 驾驶员座椅、乘员座椅安装应牢固可靠。驾驶员座椅、乘员座椅的安全带应齐全、有效。

② 图 2-33 所示为查看座椅的新旧程度,座椅表面应平整、清洁、无破损。座椅松动和严重磨损、凹陷,说明车常常载人,可推断该车经常行驶在高负荷的工况下。

图 2-33　查看座椅的新旧程度

③ 检查车顶的内篷是否破裂,车辆内部是否污秽发霉。车内如有发霉的味道,则表明车辆可能有泄漏的情况。

④ 检查地毯或地板胶是否残旧,从地毯磨痕可推论出该车使用频繁程度。

⑤ 揭开地毯或地板胶,查看车厢底板是否有潮湿或生锈的痕迹,是否有烧焊的痕迹。

⑥ 查看仪表盘是否为原装,检查仪表盘底部是否有更改线束的痕迹。检查要求安装汽车行驶记录仪的车辆是否按要求安装,能否正常工作。

⑦ 检查里程表,里程表显示已经行驶的公里数是车辆行驶年龄的参照,一般的家用车每年行驶 5000~25000km。

⑧ 检查离合器踏板、制动踏板、加速踏板有无弯曲变形及干涉现象;离合器踏板和制动踏板的踏脚胶是否磨损过度,通常一块踏脚胶寿命是 50000km 左右,如果换了新的,则此车已行驶 50000km 以上。

⑨ 坐在车上试试所有踏板有没有弹性,离合器踏板应该有少许空间,同时留心

听听踏下踏板有没有异响出现。

四、车辆底盘的检查

车辆底盘检查要将车辆开进地沟或用举升器举升车辆后再进行。

① 如图 2-34 所示,检查发动机橡胶支撑是否变形、损坏,检查发动机与传动系统的连接情况;图 2-35 所示为检查燃油管路。燃油箱及燃油管路应固定可靠,不得有渗、漏油现象;燃油管路与其他部件不应有磨蹭现象;软管不得有老化开裂、磨损等异常现象。

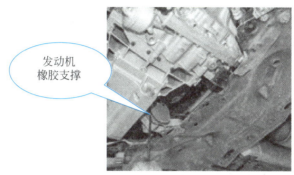

图 2-34　检查发动机橡胶支撑

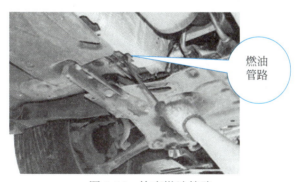

图 2-35　检查燃油管路

② 检查传动轴中间支撑轴承及支架、万向节等有无裂纹和松旷现象。

③ 如图 2-36 所示,检查转向节臂、转向横直拉杆有无裂纹和损伤,有无拼焊现象。检查转向横直拉杆球销是否松旷、连接是否可靠;各运动部件在运动中有无干涉、摩擦现象。

④ 检查车架是否有裂纹和影响车辆正常行驶的变形,螺栓和铆钉不得缺少和松动,车架不得进行焊接加工。

⑤ 检查前、后桥是否有变形、裂纹。

图 2-36　检查转向节臂、转向横直拉杆

⑥ 检查钢板弹簧有无裂纹、断片和缺片现象，中心螺栓和 U 形螺栓是否紧固，减震器是否漏油，车架与悬架之间的各拉杆和导杆应无松旷和移位现象。

⑦ 如图 2-37 所示，检查排气管、消声器是否齐全及固定情况，有无破损和漏气现象。

图 2-37　检查排气管、消声器

⑧ 如图 2-38 所示，检查制动总泵、分泵、制动管路，不得有漏气、漏油现象；软管不得有老化开裂、磨损异常等现象。

(a) 检查制动总泵　　　　　　　　(b) 检查制动分泵

图 2-38　检查制动总泵和制动分泵

⑨ 如图2-39所示,检查电器线路,所有电器导线均应捆扎成束、布置整齐、固定卡紧、接头牢固并有绝缘套,在导线穿越孔洞时需装设绝缘套管。

⑩ 如图2-40所示,检查减震器及悬架。可用手在汽车前后左右角分别用力下压,如放松后汽车车身能回弹,并能自由跳动2~3次,说明该系统正常。如出现异响或不能自动跳动的现象,则说明该减震器或悬架系统的弹簧等部件工作不良,舒适性自然就会变差。

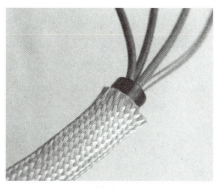

图2-39 检查电器线路

图2-40 检查减震器及悬架

⑪ 检查手动变速器外观。如图2-41(a)所示,检查变速器输出轴的油封,是否有渗漏情况。图2-41(b)是变速箱的外壳的图片,可以看到密封垫有轻微渗漏。对于轻微渗漏,可先使用化清剂清洗后试车再确定是否需要更换该密封垫。

(a) 手动变速器输出轴油封的检查

(b) 手动变速器油底壳的检查

图2-41 检查手动变速器外观

⑫ 发动机底部扭力杆的橡胶座如果开裂会导致车辆在行驶过程中有异响,并使乘坐舒适性下降。橡胶支座的检查方法很简单,找个一字螺丝刀(螺钉旋具)撬动橡胶支座看看橡胶是否开裂即可,如图2-42所示。

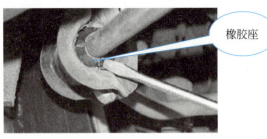

图 2-42 检查扭力杆的橡胶座

⑬ 如图 2-43 所示，检查半轴防尘套。防尘套的作用是用于保护充满润滑脂的万向节，如防尘套破损则会加速万向节损坏。

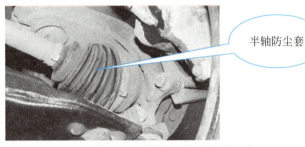

图 2-43 检查半轴防尘套

⑭ 如图 2-44 所示为后悬挂摆臂橡胶支座的检查方法，同样是撬动橡胶支座看是否松散以及目测橡胶支座是否损坏。前后轴悬挂各拉杆或者摆臂两端都会有橡胶支座，每一个橡胶支座的损坏都会影响车辆的操控性以及驾乘舒适性。

图 2-44 后悬挂摆臂橡胶支座的检查

⑮ 一些行驶里程较长的车辆会出现减震器漏油的情况。减震器漏油时，会有油渍位于减震器下部。减震器漏油会使得减震器性能下降。如漏油严重，则建议更换

相关减震器。如图 2-45 所示为检查减震器顶部的减震胶。车辆行驶里程较长的话，此减震胶会老化开裂，导致减震器传到车身的震动变大，噪声变大。

图 2-45　检查减震器顶部的减震胶

⑯ 车轮及轮胎的检查。轮胎作为车辆唯一接地的部件，其重要性不言而喻。在车辆检查中，轮胎检查是其中重要的项目之一。在检查轮胎时，一般还会同时检查车轮轴承的工作情况及制动摩擦片的厚度。图 2-46 所示为车轮轴承的检查。前后摆动车轮，感觉是否有较大的间隙，如果间隙较大，则说明车轮轴承已松动或已磨损。图 2-47 所示是使用专用的制动摩擦片检测笔检测制动摩擦片的厚度。制动摩擦片厚度应不超过极限值。

图 2-46　车轮轴承的检查

图 2-47　检测制动摩擦片的厚度

图 2-48 所指的位置是轮胎的磨损标记，当胎纹磨损到磨损标记以后就需要更换轮胎。如轮胎胎面出现异常磨损的情况，还需要确定四轮定位参数是否正确。

轮胎在路上跑，少不了会扎钉。轮胎扎钉后，可能会导致轮胎内部气体慢慢地泄漏。因此，如发现有扎钉，可在扎钉位置涂上肥皂水，看扎钉部位是否有气泡生成即可判断轮胎是否漏气（图 2-49）；没有漏气的话，拔掉钉子且用同样方法测试拔掉扎钉的部位是否漏气。这里强调一点，轮胎漏气除了扎钉以外，还有一个可能就是气嘴老化漏气，所以检查好胎面以后顺便检查一下气嘴根部是否龟裂，也可使用肥皂水测试。

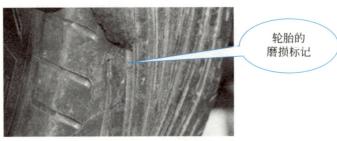

图 2-48　轮胎的磨损标记

图 2-49　轮胎泄漏的检查

五、附属装置检查

对附属装置进行检查，如雨刮器、收音机、仪表、反光镜、加热器、灯具、转向信号灯、喷水装置、空调设备等是否破损、残缺。并对附属装置进行动态检验，如雨刮器动作、喷水装置喷水、空调器制冷、各种灯具和登记表是否正常工作等。

第三节　二手车动态检查与评估

二手车动态检查是指对车辆进行路试检查。车辆路试检查的主要目的在于在一定条件下，通过机动车在各种工况下的工作，如发动机启动、怠速运转、车辆起步、加速、匀速、滑行、强制减速、紧急制动等，使变速器从低速挡到高速挡，再从高速挡到低速挡地行驶，检查二手车的操纵性能、制动性能、滑行性能、加速性能、噪声和废气排放等情况，以鉴定二手车在动态下的技术状况。

一、发动机无负荷工况的检查

1. 检查发动机的启动性

将点火开关转到启动挡,启动发动机,观察发动机启动是否容易,起动机是否工作良好。

> **小提示**
>
> 一般用起动机带动发动机启动不应超过3次;每次启动发动机时间不超过10s。

2. 无负荷工况检查

① 启动发动机,并使其处于怠速运转,然后查听发动机运转的声音。若发动机运转时伴有杂音,说明转动机件磨损严重。

② 检查发动机运转是否平稳,发动机怠速运转时车前部的声音越安静、越平稳,则说明二手车的性能越好。

③ 使发动机运转一段时间,待发动机冷却液温度、润滑油温度正常后,检查发动机加、减速的灵敏性。

> **小提示**
>
> 在怠速状态下猛踩加速踏板,观察发动机转速从低速到高速的反应灵敏性,提速是否快速;然后使发动机从高速状态突然回落到怠速状态,方法是猛松加速踏板,观察发动机是否会出现怠速熄火现象。正常时发动机提速响应性好,减速不熄火。

④ 检查发动机窜油、窜气情况。方法是打开加机油口盖(图2-50),慢慢踩下加速踏板,加油,若窜气严重,用肉眼就可以看到加机油口处有烟雾出现。

若窜气不十分严重,可以用一张白纸,放在距加机油口盖大约50mm的地方。然后踩下加速踏板,若窜油、窜气,则白纸上会有油迹,严重时油迹较大。

检查排气颜色。正常时,汽油机工作时,排出的气体是无色的。柴油机在正常负荷下运转时,排气颜色为淡灰色,负荷大时则为深灰色,但只允许短时间出现。

排气颜色不正常一般指排气颜色为黑色、蓝色。

图 2-50　打开加机油口盖

小提示

若排气颜色为黑色，说明气缸内混合气过浓，或点火时刻过迟，造成燃烧不完全，一部分未燃烧的碳元素混在废气中排出，出现冒黑烟现象。

若排气颜色为蓝色，说明有机油窜入气缸燃烧室内，气缸内有机油燃烧，形成蓝色气体随废气排除。一般来说，常因活塞、活塞环、气缸套磨损过甚，配合间隙过大，导致机油窜入气缸而出现此种现象。此外，若进气不畅，机油也可能被吸入燃烧室，从而也会出现冒蓝烟的情况。

二、路试检查

1. 路试内容

（1）检查离合器　起步时看离合器是否平稳接合，分离是否彻底，工作时是否发抖、发响等。

（2）检查手动变速器　使车辆起步并加速，将手动变速器的挡位从低速挡升到高速挡，再从高速挡减速到低速挡，检查手动变速器换挡是否灵活，是否有乱挡、跳挡和异响现象。

（3）检查主减速器　在路试中，车速达到 40km/h 时，突然猛松加速踏板，随后又猛然踩下加速踏板，查听主减速器是否发出特别大的声响。若出现很大的声响，说明主减速器磨损严重。

（4）检查传动效率（滑行试验）　在平坦的路面上，将车速提升到50km/h时，踩下离合器踏板，将变速器转入空挡，让汽车靠滑行行驶。根据车辆滑行的距离，来评估汽车传动系统传动效率的高低。滑行的距离长，说明传动系统传动效率较高；否则，说明传动效率低。

（5）检查汽车的动力性　车辆原地起步后，做加速行驶。如果猛踩加速踏板后提速快，则说明加速性能好。高速行驶时，看其能否达到厂家规定的最高时速（为保证安全，在不具备检查条件时可忽略）。此外，检查汽车行驶时是否平稳，是否有异响。

驾驶车辆作爬坡实验，检查汽车爬坡行驶时是否有力，动力是否足够。若发动机提速慢，最高时速与厂家的额定最高时速差距较大，上坡无力，则说明汽车的动力性能较差。

（6）检查汽车的操纵稳定性　在宽敞的路段上驾驶车辆进行路试，在低速行驶时，向左、向右转动转向盘，检查转向盘是否灵敏、轻便，有无自动回正力矩；在高速行驶时，车辆不应出现跑偏和转向盘有摆动等现象。

（7）检查制动性能　汽车起步行驶，加速到50km/h时，迅速将制动踏板踩到底，看汽车是否立即减速、停车，有无制动跑偏、甩尾现象。制动距离应符合有关规定的标准值。车辆加速到60km/h左右，感觉汽车有无抖动现象，若有，则可能是前悬架有故障，或传动轴有弯曲故障，应进一步对车辆进行检查。

2. 路试后的检查

车辆路试检查以后，还应检查的项目有如下。

（1）检查各部件的温度　路试后应检查一下车辆油、液的温度。

小提示

正常的机油温度为95℃，正常的冷却液温度为80～90℃。齿轮油的温度不应高于85℃。齿轮油的温度主要是变速器和主减速器的温度。

此外，还应用手或测温器检查其他有关运动件的过热情况，如制动鼓、制动盘、传动轴、中间支承的轴承等，都不应有过热现象。

（2）检查"四漏"情况　路试后，应检查汽车的漏气、漏电、漏水、漏油情况。

小提示

　　对气制动的车辆,若有漏气则在制动时有所反应,需仔细检查管路系统和储气筒、空气压缩机、制动阀等部件。

　　检查漏电情况。车辆漏电一般在行车中会出现明显故障,若车辆的电路出现故障,也需要仔细查找。

　　在发动机停止运转及停车以后,散热器、水泵、发动机缸体、发动机缸盖、暖风装置及所有的连接部位,均不得有明显的渗、漏水现象。

　　检查漏油的情况,应在汽车连续行驶距离不少于 10km 后,停车 5min 观察,不得有明显的渗、漏油现象。

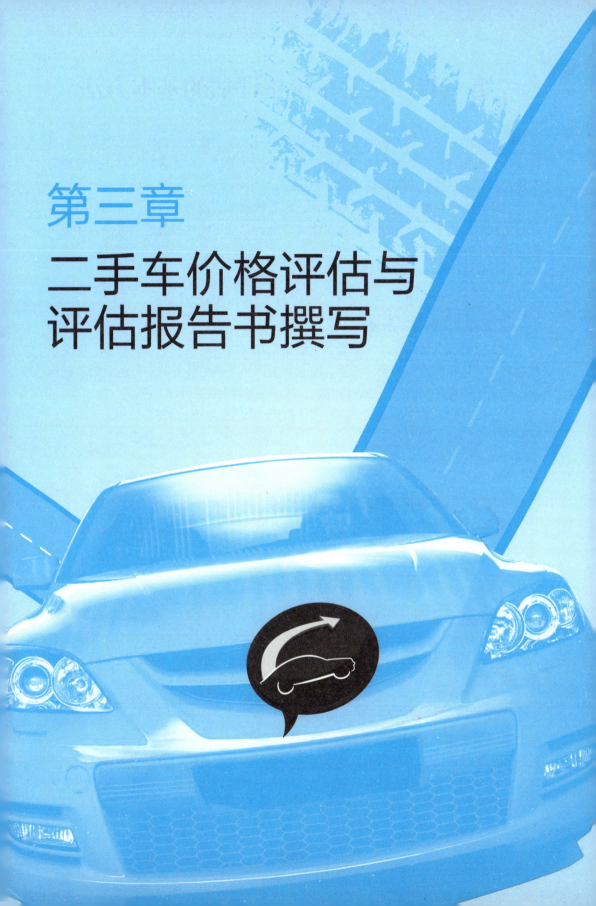

第三章
二手车价格评估与评估报告书撰写

第一节　二手车价格评估的基本方法

二手车的评定估算工作就是对被评估车辆所收集的数据资料、技术鉴定资料进行整理，根据评估目的选择适用的估价标准和评估方法，本着客观、公正的原则对车辆进行评定估算，确定评估结果。

二手车价格估算方法有重置成本法、收益现值法、现行市价法、清算价格法等几种方法。二手车评估师必须根据二手车评估的目的正确选择合适的方法，才能正确估算二手车的价格。

一、重置成本法

1. 重置成本法的基本原理

（1）重置成本法的概念　重置成本法是指在现时市场条件下重新购置一辆全新状态的被评估车辆所需的全部成本，减去该被评估车辆的各种陈旧贬值后的差额作为被评估车辆现时价格的一种评估方法。其评估思路可用数学式概括为

二手车评估值=重置成本−实体损耗−功能性贬值−经济性贬值

小提示

重置成本法既充分考虑了被评估二手车的重置全价，又考虑了该二手车已使用年限内的磨损以及功能性、经济性贬值，因而是一种适应性较强并在实践中被广泛采用的基本评估方法。

（2）重置成本法的基本要素　重置成本法的概念中涉及四个基本要素，即二手车的重置成本、二手车实体有形损耗、二手车功能性贬值和二手车经济性贬值。

二手车重置成本是指在现行市场条件下重新购置一辆全新车辆所支付的全部货币总额。简单地说，二手车重置成本就是当前再取得该车的成本。

2. 重置成本法的应用前提和适用范围

重置成本法是从能够重新取得被评估二手车的角度来反映二手车的交换价值的，即通过被评估二手车的重置成本反映二手车的交换价值。只有当被评估的二手车处于继续使用状态下，再取得被评估二手车的全部费用才能构成其交换价值的内容。重置成本法主要适用于继续使用前提下的二手车评估。

二、收益现值法

1. 收益现值法的概念和基本原理

（1）收益现值法的概念　收益现值法是通过估算被评估二手车在剩余寿命期内的预期收益，并折现为评估基准日的现值，借此来确定二手车价值的一种评估方法。也就是说，现值在这里被视为二手车的评估值，而且现值的确定依赖于未来预期收益。

（2）收益现值法的基本原理　收益现值法是基于这样的假设，即人们之所以购买某辆二手车，主要是考虑这辆车能为自己带来一定的收益。

2. 收益现值法的应用前提和适用范围

收益现值法的应用基于以下几个前提。

① 被评估二手车必须是经营性车辆，且具有继续经营和获利的能力。

② 继续经营的预期收益可以预测而且必须能够用货币金额来表示。

③ 二手车购买者获得预期收益所承担的风险也可以预测，并可以用货币衡量。

④ 被评估二手车预期获利年限可以预测。

由以上应用的前提条件可见，运用收益现值法进行评估时，是以车辆投入使用后连续获利为基础的。在机动车的交易中，人们购买的目的往往不是在于车辆本身，而是车辆获利的能力。因此，收益现值法较适用于投资营运的车辆。

三、现行市价法

1. 现行市价法的概念和基本原理

（1）现行市价法的概念　现行市价法又称市场法、市场价格比较法，是指通过比较被评估车辆与最近售出类似车辆的异同，并将类似车辆的市场价格进行调整，从而确定被评估车辆价值的一种评估方法。

> **小提示**
>
> 其基本思路是，通过市场调查，选择一个或几个与评估车辆相同或类似的车辆作参照车辆，分析参照车辆的构造、功能、性能、新旧程度、地区差别、交易条件及成交价格等，并与被评估车辆进行比较，找出两者的差别及其在价格上所反映的差额，经过适当调整，最终计算出被评估车辆的价格。

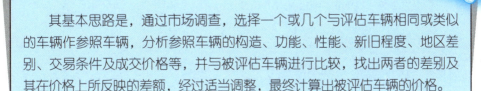

现行市价法是采用比较和类比的方法，根据替代原则，从二手车可能进行交易角度来判断二手车价值的。

（2）现行市价法的基本原理　任何一个正常的投资者在购置某项资产时，他所愿意支付的价格不会高于市场上具有相同用途的替代品的现行市价。

运用现行市价法要求充分利用类似二手车成交价格信息，并以此为基础判断和估测被评估二手车的价值。现行市价法是二手车评估中最为直接、最具说服力的评估途径之一。

2. 现行市价法的应用前提和适用范围

（1）现行市价法的应用前提

① 要有一个市场发育成熟、交易活跃的二手车交易公开市场，经常有相同或类似二手车的交易，有充分的参照车辆可取。在二手车交易市场上二手车交易越频繁，与被评估相类似的二手车价格越容易获得。

② 市场上参照的二手车与被评估二手车有可比较的指标，并且这些指标的技术参数等资料是可收集到的，并且价值影响因素明确，可以量化。

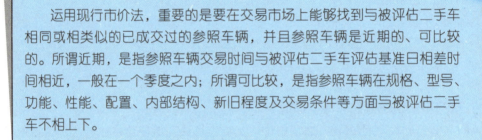

小提示

运用现行市价法，重要的是要在交易市场上能够找到与被评估二手车相同或相类似的已成交过的参照车辆，并且参照车辆是近期的、可比较的。所谓近期，是指参照车辆交易时间与被评估二手车评估基准日相差时间相近，一般在一个季度之内；所谓可比较，是指参照车辆在规格、型号、功能、性能、配置、内部结构、新旧程度及交易条件等方面与被评估二手车不相上下。

（2）现行市价法的适用范围　现行市价法是从卖者的角度来考虑被评估二手车的变现值的，二手车评估价值的大小直接受市场的制约，因此，它特别适用于产权转让的畅销车型的评估，如二手车收购（尤其是成批收购）和典当等业务。如果畅销车型的数据充分可靠，市场交易活跃，评估人员熟悉其市场交易情况，则采用现行市价法评估二手车可以节约很多时间。

四、清算价格法

1. 清算价格法的概念和基本原理

（1）清算价格法的概念　清算价格法是以清算价格为依据来估算二手车价格的一种方法。所谓清算价格，是指企业在停业或破产后，在一定的期限内拍卖资产（如车辆）时可得到的变现价格。

清算价格法的理论基础是清算价格标准。

（2）清算价格法的基本原理　清算价格法在原理上基本与现行市价法相同，所不同的是迫于停业或破产，清算价格往往大大低于现行市场价格。这是由于企业被迫停业或破产，急于将车辆拍卖、出售。

2. 清算价格法的应用前提和适用范围

（1）清算价格法的应用前提　以清算价格法评估车辆价格的前提条件有以下三点。

① 以具有法律效力的破产处理文件或抵押合同及其他有效文件为依据。
② 车辆在市场上可以快速出售变现。
③ 所卖收入足以补偿出售车辆的附加支出总额。

（2）清算价格法的适用范围　清算价格法适用于企业破产、资产抵押和停业清理时要出售的车辆。

五、二手车评估方法的选择

1. 评估方法的适用特点

（1）重置成本法　比较充分地考虑了车辆的各方面损耗，反映了车辆市场价格的变化，评估结果更趋于公平合理，在不易估算车辆未来收益或难于在市场上找到可类比对象的情况下可广泛应用。

（2）现行市价法　要求评估方在当地或周边地区能找到一个发育成熟、活跃，交易量大，车型丰富，容易找到可类比的参照车辆，并且参照车辆是近期的、可比较的二手车交易市场。因此，它特别适用于产权转让的畅销车型的评估，如二手车收购（尤其是成批收购）和典当等业务。

（3）收益现值法　从被评估二手车在剩余经济使用寿命内能够带来预期利润的前提下进行评估的，因此，比较适用于投资营运车辆的评估。

（4）清算价格法　从车辆资产债权人的角度出发，以车辆快速变现为目的进行评估的，因此，适用于企业破产、资产抵押、停业清理等急于出售变现的车辆评估，如法院、海关委托评估的涉案车辆。

2. 选择评估方法时应考虑的因素

估价方法的多样性，为鉴定估价人员提供了选择评估的途径。选择估价方法时应考虑以下因素。

① 必须严格与二手车评估的计价标准相适应。
② 要受收集数据和信息资料的制约。
③ 要充分考虑二手车鉴定估价工作的效率，选择简单易行的方法。

第二节 二手车成新率的计算方法

成新率是反映二手车新旧程度的指标。二手车成新率是表示二手车的功能或使用价值与全新机动车的功能或使用价值的比值，也可以理解为二手车的现时状态与机动车全新状态的比值。它与有形损耗一起反映了同一车辆的两方面。车辆的有形损耗也称为车辆的实体性贬值，它是由使用磨损和自然损耗形成的。成新率和有形损耗率的关系如下。

$$成新率 = 1 - 有形损耗率$$

成新率是重置成本法的一项重要指标，如何科学、准确地确定该项指标是二手车评估中的重点和难点。

二手车成新率的确定方法主要有使用年限法、行驶里程法、部件鉴定法、整车观测法、综合分析法、综合成新率法等。在二手车交易市场，根据不同类型的二手车，在对二手车进行相关检测的基础上，确定相应二手车成新率的计算方法，并确定其成新率。

一、使用年限法

1. 计算方法

使用年限法是通过确定被评估二手车的尚可使用年限与规定使用年限的比值来确定二手车成新率的一种方法。其计算公式为

$$C_Y = \frac{Y_g - Y}{Y_g} \times 100\%$$

式中　C_Y——使用年限成新率；

　　　Y——二手车实际已使用年限，年或月；

　　　Y_g——车辆规定的使用年限，年或月。

使用年限法估算二手车的成新率是基于这样的假设：二手车在规定的使用寿命期间，实体性损耗与时间呈线性递增关系，二手车价值的降低与其损耗大小成正比。

> **小提示**
>
> 可利用被评估二手车的实际已使用年限与该车型规定使用年限的比值来判断其实体贬值率（程度），进而估算被评估二手车成新率。

2. 已使用年限与规定使用年限

（1）已使用年限　已使用年限是代表汽车运行量和工作量的一种计量。综合考虑已使用年限和行驶里程数更符合实际一些，即汽车的已使用年限应采用折算年限，即

$$折算年限 = 总的累计行驶里程/年平均行驶里程$$

已使用年限一般取该车从新车在公安交通管理机关注册登记日起至评估基准日所经历的时间。一般以月为单位计算实际已使用年限，即将已使用年限和规定使用年限换算成月数，这样，计算简单、结果误差也较小，比较切合实际。

（2）规定使用年限　车辆规定使用年限是指《汽车报废标准》中对被评估车辆规定的使用年限。各种类型汽车规定使用年限应按国家的《汽车报废标准》等规定执行。

3. 使用年限法的前提条件

使用年限法计算成新率的前提条件是车辆在正常使用条件下，按正常使用强度（年平均行驶里程）使用。我国各类汽车年平均行驶里程见表3-1。

表3-1　我国各类汽车年平均行驶里程

汽车类别	年平均行驶里程/万千米
微型、轻型货车	3～5
中型、重型货车	6～10
私家车	1～3
公务、商务用车	3～6
出租车	10～15
租赁车	5～8
旅游车	6～10
中、低档长途客运车	8～12
高档长途客运车	15～25

利用使用年限法计算得到的成新率实际上反映的是车辆的时间损耗及时间折旧率，与车辆的日常使用强度和车况无关。

如果车辆的日常使用强度较大，在运用已使用年限指标时，应适当乘以一定的系数。例如，对于某些以双班制运行的车辆，其实际使用时间为正常使用时间的2倍，因此该车辆的已使用年限，应是车辆从开始使用到评估基准日所经历时

间的2倍。

在《汽车报废标准》中除了规定使用年限外，还规定了行驶里程，因此，也可以使用行驶里程法进行估算。

二、行驶里程法

（一）方法介绍

1. 计算方法

行驶里程法是通过确定被评估二手车的尚可行驶里程与规定行驶里程的比值来确定二手车成新率的一种方法。其计算公式为

$$C_S = \frac{S_g - S}{S_g} \times 100\%$$

式中　　C_S——行驶里程成新率；

　　　　S——二手车实际累计行驶里程，km；

　　　　S_g——车辆规定的行驶里程，km。

2. 累计行驶里程与规定行驶里程

① 累计行驶里程。二手车累计行驶里程是指被评估二手车从开始使用到评估基准时点所行驶的总里程。

② 规定行驶里程。车辆规定行驶里程是指《机动车强制报废标准规定》中规定的该车型的行驶里程。

3. 行驶里程法计算成新率的前提条件

行驶里程法计算成新率的前提条件是车辆里程表的记录必须是原始的，不能被人为更改。由于里程表容易被人为变更，因此，在实际应用中，较少直接采用此方法进行评估。

（二）用行驶里程法计算二手车成新率实例

（1）车辆基本情况

① 车型。迷你库伯1.6标准版（私家用车）。

② 登记日期。2015年9月。

③ 表征行驶里程。7.8万千米。

④ 发动机。直列四缸1.6 L汽油发动机。

⑤ 登记证、发票。登记证有效、正规发票。

（2）车辆检查

① 静态检查。该车整体状况良好，油漆颜色靓丽，车身经过了专业的抛光打蜡，全车的细微划痕被遮盖，前后保险杠有碰撞修复的痕迹；车门开合良好，没有

异常响动，车架连接良好，焊点清晰，橡胶密封正常；驾驶舱内的配置简单实用，前排长度相对较好但是宽度略差，做工用料相对精细。发动机舱内线路基本正常，发动机没有明显的渗漏痕迹，前车灯经过更换，常规保养部件有更换痕迹。底盘系统整体良好，悬架系统正常，刹车盘片磨损正常，轮胎磨损正常，备胎没有使用过的痕迹。

② 动态检查。该车启动时噪声正常，抖动正常，怠速稍高，稳定后噪声减小，怠速稳定，变速箱结合动力比较顺畅，车辆的起步速度相对较快，油门感觉轻盈，整体行驶过程中操控灵活，制动感觉比较硬，轮胎噪声正常，抓地力良好，车辆音响效果一般，驾驶视野一般。

（3）成新率计算

① 该车 4 年行驶 7.8 万千米，符合家庭用车的使用标准，所以可以使用行驶里程法进行评估。

② 根据国家汽车报废标准，该车报废里程为 60 万千米，已使用里程为 7.8 万千米。

③ 由行驶里程法成新率计算公式得

$$C_S = \frac{S_g - S}{S_g} \times 100\% = \frac{60 - 7.8}{60} \times 100\% \approx 87\%$$

三、部件鉴定法

（一）方法介绍

1. 计算方法

部件鉴定法（也称技术鉴定法）是指评估人员在确定二手车各组成部分技术状况的基础上，按其各组成部分对整车的重要性和价值量的大小加权评分，最后确定成新率的一种方法。采用部件鉴定法估算二手车成新率的计算公式为

$$C_B = \sum_{i=1}^{n}(c_i \beta_i)$$

式中　C_B——部件鉴定法二手车成新率；

　　　c_i——二手车第 i 项部件的成新率；

　　　β_i——二手车第 i 项部件的价值权重。

2. 计算步骤

此方法的基本步骤如下：

① 先确定二手车各主要总成、部件，再根据各部分的制造成本占整车制造成本的比重，确定其权重的百分比 β_i（$i = 1, 2, \cdots, n$）。表3-2为汽车各部分的价值权重参考表。

② 以全新车辆对应的各总成、部件功能为满分（100 分），功能完全丧失为零分，再根据被评估二手车各相应总成、部件的技术状态估算出其成新率 c_i（$i=1, 2, \cdots, n$）。

③ 将各总成、部件估算出的成新率与价值权重相乘，得到各总成、部件的权重成新率（$c_i\beta_i$）（$i=1, 2, \cdots, n$）。

④ 最后将各总成、部件的权重成新率相加，即得出被评估车辆的成新率。

在不同种类、档次的车辆上，各组成部分对整车的重要性及其价值占整车的比重各不相同，有些类型车辆之间相差还很大。因此，表 3-2 只能供评估人员参考，不可作为唯一标准。在实际评估时，应根据被评估车辆各部分价值占整车价值的比重，调整各部分的权重。

表 3-2　汽车各部分的价值权重参考表

车辆各主要总成、部件名称	价值权重 /%		
	轿车	客车	货车
发动机及离合器总成	26	27	25
变速器及万向传动装置总成	11	10	15
前桥、前悬架及转向系总成	10	10	15
后桥及后悬架总成	8	11	15
制动系	6	6	5
车架	2	6	6
车身	26	20	9
电器仪表	7	6	5
轮胎	4	4	5
合计	100	100	100

3. 部件鉴定法的特点及适用范围

从上述计算步骤可见，采用部件鉴定法计算加权成新率比较费时费力，但评估值更接近客观实际，可信度高。它既考虑了二手车实体性损耗，同时也考虑了二手车维修或换件等追加投资使车辆价值发生的变化。这种方法一般用于价值较高的二手车评估。

（二）用部件鉴定法计算二手车成新率实例

（1）车辆基本情况

① 车型。宝来 1.6-AT 基本型。

② 初次登记日期。2014 年 6 月 6 日。

③ 评估基准日。2019 年 3 月 10 日。

④ 累计行驶里程。12.8万千米。

⑤ 该车配置。排量1.6 L多点电喷发动机、DOHC双顶置凸轮轴、四轮独立悬架、四轮盘式制动系统配合ABS、全电动门窗以及电子除霜、前排安全气囊、单碟DVD配合四声道六喇叭音响系统、可调节方向盘、助力转向、智能倒车雷达、真皮座椅、防盗点火系统、智能中控门锁。

⑥ 车辆手续。该车为公司老板个人使用车辆,证件、税费齐全有效。

（2）车况检查

① 静态检查。对该车的外观整体检查中发现保险杠有碰撞修补的痕迹,该车左前侧雾灯下方有剐蹭痕迹,造成了油漆脱落,车辆左侧的滑动门需要进行润滑,不过整个的车身情况保持得比较好。发动机舱线束整齐,观察车辆大梁、左右翼子板没有变形、锈蚀,油路也没有渗油现象,整个前端的车架部分还保持着原厂油漆的痕迹,各部位代码清晰可见,足以证明车辆保养比较专业。车内真皮座椅及内饰干净,丝毫没有旧车的感觉。电动门窗、倒车雷达、音响使用正常。

② 动态检查。发动机性能比较稳定,轻踩油门,在转速为4300 r/min时达到了动力输出峰值。在车速较高的情况下,风噪、胎噪几乎听不到。紧急制动,反应迅速,没有跑偏现象。高速行驶略有摆震,当车速在52 km/h左右时,前轮摇摆;当该车保持在低速38 km/h以下行驶或高速超过66 km/h行驶时,前轮摇摆现象消失。经检查发现左前轮补过轮胎,试验更换2个前胎,摆动现象消失,所以是由于轮胎有过修补引起动不平衡。乘坐较舒适,对地面的震动反应一般。

（3）计算成新率

① 由于该车为高档轿车,故可用部件鉴定法计算其成新率。

② 根据对该车的检查结果,其成新率的估算明细见表3-3。

表3-3 二手车成新率估算明细表 %

车辆各主要总成、部件名称	价值权重	成新率	加权成新率
发动机及离合器总成	23	72	16.56
变速器及万向传动装置总成	12	72	8.64
前桥、前悬架及转向系总成	9	72	6.48
后桥及后悬架总成	9	72	6.48
制动系	7	72	5.04
车架	2	72	1.44
车身	24	70	16.80
电器仪表	6	72	4.32
轮胎	8	50	4.00
合计	100	—	69.76

四、整车观测法

整车观测法是指评估人员采用人工观察的方法，辅助以简单的仪器检测，判定被评估二手车的技术等级以确定成新率的一种方法。

> **小提示**
>
> 整车观测法观察和检测的技术指标主要包括二手车的现时技术状态、使用时间及行驶里程、主要故障经历及大修情况、整车外观和完整性等。

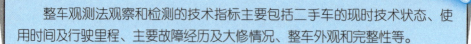

二手车成新率评估可参考表3-4。

表3-4 二手车成新率评估参考表

车况等级	新旧情况	有形损耗率/%	技术状况描述	成新率/%
1	使用不久	0～10	刚使用不久，行驶里程一般在3万～5万千米，在用状态良好，能按设计要求正常使用	100～90
2	较新车	11～35	使用1年以上，行驶15万千米左右，一般没有经过大修，在用状态良好，故障率低，可随时出车使用	89～65
3	旧车	36～60	使用4～5年，发动机或整车经过大修1次，大修较好地恢复原设计性能，在用状态良好，外观中度受损，恢复情况良好	64～40
4	老旧车	61～85	使用5～8年，发动机或整车经过2次大修，动力性能、经济性能、工作可靠性都有所下降，外观油漆脱落受损，金属件锈蚀程度明显；故障率上升，维修费用、使用费用明显上升，但车辆符合《机动车安全技术条件》，在用状态一般或较差	39～15
5	待报废处理车	86～100	基本到达或到达使用年限，通过《机动车安全技术条件》检查，能使用但不能正常使用，动力性、经济性、可靠性下降，燃料费、维修费、大修费用增长速度快，车辆收益与支出基本持平，排放污染和噪声污染到达极限	15以下

表3-4中所示数据是判定二手车成新率的经验数据，只能供评估人员参考，不能作为唯一标准。由于该法对二手车技术状况的评判是采用人工观察方法进行的，

所以成新率的估值是否客观、实际取决于评估人员的专业水准和评估经验。

> **小提示**
>
> 整车观测法简单易行,但其判断结果没有部件鉴定法准确,一般用于初步估算中、低档二手车的价格,或作为综合分析法的辅助手段,用来确定车辆的技术状况调整系数。

五、综合分析法

1. 估算方法

综合分析法是以使用年限法为基础,综合考虑二手车的实际技术状况、维护保养情况、原车制造质量、二手车用途及使用条件等多种因素对二手车价值的影响,以调整系数形式确定成新率的一种方法。其计算公式为

$$C_F = C_Y K \times 100\%$$

式中　C_F——综合成新率;
　　　C_Y——使用年限成新率;
　　　K——综合调整系数。

2. 综合调整系数

影响二手车成新率的主要因素有二手车技术状况、二手车维护保养、二手车原始制造质量、二手车用途和二手车使用条件五个方面,可采用表3-5推荐的综合调整系数,用加权平均的方法进行调整。

表3-5　二手车成新率综合调整系数参考表

影响因素	因素分级	调整系数	权重/%
技术状况	好	1.0	30
	较好	0.9	
	一般	0.8	
	较差	0.7	
	差	0.6	
维护保养	好	1.0	25
	较好	0.9	
	一般	0.8	
	差	0.7	

续表

影响因素	因素分级	调整系数	权重/%
制造质量	进口车	1.0	20
	国产名牌车（或走私罚没车）	0.9	
	国产非名牌车	0.8	
用途	私用	1.0	15
	公务、商务	0.9	
	营运	0.7	
使用条件	好	1.0	10
	一般	0.9	
	差	0.8	

根据被评估二手车是否需要进行项目修理或换件维修，综合调整系数有两种确定方法。

① 二手车无须进行项目修理或换件时，可直接采用表3-5所推荐的调整系数，应用下式进行计算。

$$K = K_1 \times 30\% + K_2 \times 25\% + K_3 \times 20\% + K_4 \times 15\% + K_5 \times 10\%$$

式中　K——综合调整系数；

K_1——二手车技术状况调整系数；

K_2——二手车维护保养调整系数；

K_3——二手车原始制造质量整系数；

K_4——二手车用途调整系数；

K_5——二手车使用条件调整系数。

② 二手车需要进行项目修理或换件，或需要进行大修时，可采用"一揽子"评估方法，综合考虑确定表3-5所列因素的影响。所谓"一揽子"评估方法就是综合考虑修理后对二手车成新率估算值的影响，直接确定一个合理的综合调整系数而进行价值评估的一种方法。

表3-5中的因素分级和调整系数只是一个参考，实际确定综合调整系数时，应根据具体情况作适当的调整，但各因素的调整系数取值不要超过1，综合调整系数计算结果也不会超过1。

3. 调整系数的选取

（1）二手车技术状况调整系数K_1　二手车技术状况调整系数是在对车辆技术状况鉴定的基础上对车辆进行分级，然后取调整系数来修正车辆的成新率。技术状况调整系数取值范围为 0.6～1.0，技术状况好的取上限，反之取下限。

（2）二手车维护保养调整系数 K_2　维护保养调整系数反映了使用者对车辆使用、维护和保养的水平，不同的使用者对车辆使用、维护和保养的实际执行情况差别较大，因而直接影响到车辆的使用寿命和成新率。维护保养调整系数的取值范围为 0.7～1.0，维护保养好的取上限，反之取下限。

（3）二手车原始制造质量调整系数 K_3　确定该系数时，应了解被评估的二手车是国产车还是进口车，是进口车应了解其进口国别，是国产车应了解是名牌产品还是一般产品。一般来说，国家正规手续进口的车辆质量优于国产车辆，名牌产品优于一般产品，但又有较多例外，故在确定此系数时应较慎重。对依法没收领取牌证的走私车辆，其原始制造质量系数建议视同国产名牌产品。原始制造质量调整系数取值范围为 0.8～1.0。

（4）二手车用途调整系数 K_4　二手车用途（或使用性质）不同，其繁忙程度不同，使用强度亦不同。二手车用途调整系数取值范围为 0.7～1.0，使用强度小的取上限，反之取下限。

（5）二手车使用条件调整系数 K_5　我国地域辽阔，各地自然条件差别很大，车辆的使用条件对其成新率影响很大。使用条件可分为道路使用条件和特殊使用条件。

① 道路使用条件。道路使用条件可分为好路、中等路和差路三类。

a. 好路：指国家道路等级中的高速公路，一、二、三级道路，好路率在 50% 以上。

b. 中等路：指国家道路等级中的四级道路，好路率为 30%～50%。

c. 差路：国家道路等级以外的路，好路率在 30% 以下。

② 特殊环境使用条件。特殊环境使用条件主要指特殊自然条件，包括寒冷、沿海、风沙和山地等环境。

车辆使用条件调整系数取值范围为 0.8～1.0。取值时应根据二手车实际使用条件适当取值。如果二手车长期在道路条件为好路和中等路的道路上行驶，则分别取 1 和 0.9；如果二手车长期在差路或特殊环境使用条件下工作，则其系数取 0.8。

从上述影响因素中可以看出，各影响因素关联性较大。一般来说，其中某一影响因素加强时，其他项影响因素也随之加强；反之则减弱。影响因素作用加强时，注意对其综合调整系数不要随之无限加大，一般综合调整系数取值不要超过 1。

4. 综合分析法的特点及适用范围

综合分析法较为详细地考虑了影响二手车价值的各种因素，并用一个综合调整系数指标来调整二手车成新率，评估值准确度较高，因而适用于具有中等价值的二手车评估。这是目前二手车鉴定评估最常用的方法之一。

六、综合成新率法

1. 计算方法

前面介绍的用使用年限法、行驶里程法和部件鉴定法计算二手车成新率都只从单一因素考虑了二手车的新旧程度，是不完全也是不完整的。为了全面地反映二手车的新旧状态，可以采用综合成新率法来计算成新率。所谓综合成新率就是采用定性和定量分析的方法，综合多种单一因素对二手车成新率的估算结果，并分别赋予不同的权重，计算加权平均成新率。这样，就可以尽量减小使用单一因素成新率计算给评估结果带来的误差，因而是一种较为科学的方法。以下介绍一种综合使用年限法、行驶里程法、技术鉴定法和整车观测法估算二手车成新率的方法。

综合成新率法的数学计算公式为

$$C_Z = C_1 a_1 + C_2 a_2$$

式中　C_Z——综合成新率；
　　　C_1——二手车理论成新率；
　　　C_2——二手车现场查勘成新率；
　　　a_1，a_2——权重系数，$a_1 + a_2 = 1$。

权重系数的取值要求评估人员根据被评估二手车的实际情况而定。

2. 二手车理论成新率 C_1

二手车理论成新率包括使用年限法和行驶里程法计算的成新率，是根据二手车实际使用的时间和行驶里程计算而得的，是一种对二手车成新率的定量计算，其结果一般不能人为改变。实际计算中，可将使用年限成新率和行驶里程成新率加权平均得到二手车理论成新率。计算公式为

$$C_1 = C_Y \times 50\% + C_S \times 50\%$$

式中　C_Y——使用年限成新率；
　　　C_S——行驶里程成新率。

3. 二手车现场查勘成新率 C_2

二手车现场查勘成新率是由评估人员根据现场查勘情况而确定的一个综合评价值。

> **小提示**
>
>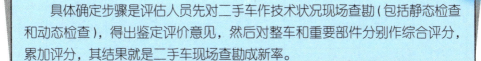
>
> 具体确定步骤是评估人员先对二手车作技术状况现场查勘（包括静态检查和动态检查），得出鉴定评价意见，然后对整车和重要部件分别作综合评分，累加评分，其结果就是二手车现场查勘成新率。

（1）二手车技术状况现场查勘　被评估二手车技术状况现场查勘主要内容如下。

① 车身外观，包括车身颜色、光泽、有无退色及锈蚀情况，车身是否被碰撞过，车灯是否齐全，前后保险杠是否完整和其他情况等。

② 车内装饰，包括装潢程度、颜色、清洁程度、仪表及座位是否完整和其他有关装饰情况等。

③ 发动机工作状况，包括发动机动力状况、有无更换部件（或替代部件）和修复现象，是否有漏油现象等。

④ 底盘，包括有无变形、有无异响、变速箱状况是否正常、前后桥状况是否正常、传动系统工作状况是否正常、是否有漏油现象、转向系统情况是否正常和制动系统工作状况是否正常等。

⑤ 电气系统，包括电源系统是否工作正常、发动机点火器是否工作正常、空调系统是否工作正常和音响系统是否工作正常等。

以上查勘情况，一般应由评估委托方或车辆所有单位技术人员签名，以确认查勘情况是客观的、真实的，不存在与实际车况不相符合的情况。确定查勘情况后，评估人员必须对被评估车辆作出查勘鉴定结论。上述资料经过整理，就可以编制成表 3-6 所示的二手车技术状况调查表。

表 3-6　二手车技术状况调查表

评估委托方：×××　　　　评估基准日：2019 年 9 月 20 日

	明细表序号	01	车辆牌号	×××	厂牌型号	BUICK 上海别克
车辆基本情况	生产厂家	上海通用	已行驶里程	60000km		
	购置日期	2014 年 5 月	登记日期	2014 年 5 月		
	大修情况	无大修				
	改装情况	无改装				
	耗油量	正常	是否达到环保要求	是	事故次数及情况	无事故

续表

				现场查勘情况					
车辆实际技术状况	车身部分外形	颜色	银	光泽	较好	退色	无	锈蚀	无
		有无被碰撞	轻微	严重程度		修复		车灯是否齐全	齐全
		前、后保险杠是否完整	完整	其他：车头右侧及左前车门有轻碰剐痕					
	车内装饰部分	装潢程度	一般	颜色	浅色	清洁	较好	仪表是否齐全	是
		座位是否完整	是	其他					
	发动机总成	动力状况评分	85	有无更换部件	无	有无修补现象	无	有无替代部件	无
		漏油现象		严重□		一般□	轻微□	无□	
	底盘各部分	有无变形	无	有无异响	无	变速箱状况	工况正常	后桥状况	正常
		前桥状况	正常	传动状况	工况正常	漏油现象	严重□ 轻微□	一般□ 无□	
		转向系统情况		工况正常		制动系统情况		工况正常	
	电气系统	电源系统是否工作正常		发动机点火器是否工作正常		空调系统是否有效	工况正常	音响系统是否正常工作	工况正常
		其他							
	鉴定意见			维护保养情况较好，磨损正常，整体车况较好					

资产占有单位技术人员签字：×××　　　　评估人员签字：×××

（2）二手车现场查勘成新率　在上述对二手车作技术状况现场查勘的基础上，对整车和重要部件做定量分析并以评分形式给予量化，可参考表3-7。总分就是二手车现场查勘成新率。

表 3-7 二手车成新率评定表

序号	项目名称	达标程度	参考标准分	评分
1	整车（满分 20 分）	全新	20	—
		良好	15	15
		较差	5	—
2	车架（满分 15 分）	全新	15	12
		一般	7	—
3	前后桥（满分 15 分）	全新	15	12
		一般	7	—
4	发动机（满分 30 分）	全新	30	—
		轻度磨损	25	28
		中度磨损	17	—
		重度磨损	5	—
5	变速箱（满分 10 分）	全新	10	—
		轻度磨损	8	8
		中度磨损	6	—
		重度磨损	2	—
6	转向及制动系统（满分 10 分）	全新	10	—
		轻度磨损	8	8
		中度磨损	5	—
		重度磨损	2	—
	总分（现场查勘成新率 /%）		100	83

必须指出的是，被评估二手车理论成新率和现场查勘成新率的权重分配、使用年限成新率和机动车行驶里程成新率的权重分配，要根据被评估二手车类型、使用状况、维修保养状况综合考虑，科学、合理地确定权重分配，这与二手车鉴定评估人员的实践工作经验和专业判断能力有很大的关系，需要在实践中注意学习和总结。

七、各种成新率计算方法的选择

二手车成新率的确定可根据鉴定评估目的和评估对象的实际情况选择相应的模型计算。在这些计算成新率的方法中，由于综合分析法是以使用年限法为基础，以调整系数形式调整二手车成新率，调整系数综合考虑了二手车的实际技术状况、维护保养情况、原车制造质量、二手车用途及使用条件等多种因素对二手车价值的影响，评估值准确度较高，因此是目前二手车鉴定评估业务中最常用的方法之一。综合成新率法是以技术状况现场查勘为基础，因此也是二手车鉴定评估业务中常用的方法。

第三节　二手车价格的计算评估

二手车评估师根据评估目的，选择了相应的计价标准和评估方法，并依据现场车辆查勘的结果确定了二手车成新率之后，即可根据不同评估方法的数学模型计算被评估二手车的评估值。由于重置成本法是评估二手车常用的方法之一，所以通常在计算之前，还需要进行市场询价，以获得被评估二手车的重置成本。

一、应用重置成本法的评估

1. 重置成本法的计算模型

重置成本法有以下两种基本计算模型。

模型一：评估值 = 重置成本 − 实体性贬值 − 功能性贬值 − 经济性贬值。

模型二：评估值 = 重置成本 × 成新率。

模型一是重置成本法评估二手车的最基本模型。它综合考虑了二手车的现行市场价格和各种影响二手车价值变化（贬值）的因素，最让人信服和易于接受。但造成这些贬值的影响因素较多且有一定的不确定性，所以准确地确定二手车的贬值是不容易的。

模型二以成新率综合考虑了各种贬值对二手车价值的影响，是一种定性和定量相结合的评估方法，比较符合中国人评判二手物品的思维模式，是目前市场上应用最广的一种评估方法。下面重点介绍此评估模型。

2. 基于成新率的重置成本法评估计算

（1）评估计算公式　上述模型二即为基于成新率的重置成本法评估计算公式。

$$P = BC$$

式中　P——被评估二手车的评估值，元；

　　　B——被评估二手车的现时重置成本，元；

　　　C——被评估二手车的现时成新率。

（2）重置成本的计算　在资产评估中，重置成本的估算有多种方法，对二手车评估来说，计算重置成本一般采用重置核算法和物价指数法两种方法。

① 重置核算法。重置核算法是利用成本核算原理，根据重新取得一辆与二手车车型和功能一样的新车所需的费用项目，逐项计算后累加得到二手车的重置成本。二手车的重置成本具体由二手车的现行购买价格、运杂费以及必要的税费构成。根据新车来源方式不同，二手车重置成本可分为国产车和进口车两种不同的构成。

a. 国产二手车重置成本的构成。国产二手车重置成本构成的计算公式为
$$B = B_1 + B_2$$
式中　B——二手车重置成本，元；

B_1——购置全新车辆的市场成交价，元；

B_2——车辆购置价格以外国家和地方政府一次性收缴的各种税费总和，元。

各种税费包括车辆购置税和注册登记费（牌照费）。

重置成本构成不应包括车辆拥有阶段及使用阶段的税费，如车辆拥有阶段的年审、车船使用税、消费税，车辆使用阶段的保险费、燃油税、路桥费等。

b. 进口二手车重置成本的构成。根据海关税则和收费标准，进口轿车的重置成本（即现行价格）的税费构成为

进口二手车重置成本 = 报关价 + 关税 + 消费税 + 增值税 + 其他必要费用

报关价即到岸价，又称 CIF 价格，它与离岸价 FOB 的关系为

$$CIF 价格 = FOB 价格 + 途中保险费 + 从装运港到目的港的运费$$

FOB 价格是指在国外装运港船上交货时的价格，因此也称为离岸价，它不包括从装运港到目的港的运费和保险费。

由于这部分费用是以外汇支付的，所以在计算时，需要将报关价格换算成人民币，外汇汇率采用评估基准日的外汇汇率进行计算。

关税的计算方法为
$$关税 = 报关价 \times 关税税率$$

消费税的计算方法为
$$消费税 = \frac{报关价 + 关税}{1 - 消费税率} \times 消费税率$$

增值税的计算方法为
$$增值税 = (报关价 + 关税 + 消费税) \times 增值税率$$

各种进口车增值税税率均为 17%。

除了上述费用之外，进口车价还包括通关、商检、仓储运输、银行、选装件价格、经销商、进口许可证等非关税措施造成的费用。

小提示

一般而言，车辆重置成本大多是依靠市场调查搜集而来的，并不需要进行十分复杂的计算。但是对于市场上尚未出现的那些新车型（特别是进口新车型）或淘汰车型，由于其价格信息有时不容易获得，这时就需要按照其重置成本的构成进行估算。

② 物价指数法。物价指数法也叫价格指数法，是指根据已掌握历年来的价格指数，在二手车原始成本的基础上，通过现时物价指数确定其重置成本。其计算公式为

$$B = B_0 \frac{I}{I_0}$$

或

$$B = B_0(1-\lambda)$$

式中　B——车辆重置成本，元；

　　　B_0——车辆原始成本，元；

　　　I——车辆评估时物价指数；

　　　I_0——车辆当初购买时物价指数；

　　　λ——车辆价格变动指数。

小提示

当被评估车辆已停产或是进口车辆，无法找到现时市场价格时，物价指数法是一种很有用的方法，但应用时必须要注意，一定要先检查被评估车辆的账面购买原价。如果购买原价不准确，则不能用物价指数法。

车辆价格变动指数是表示车辆历年价格变动趋势和速度的指标。取值时要选用国家统计部门、物价管理部门或行业协会定期发布和提供的数据，不能选用无依据、不明来源的数据。

（3）二手车重置成本全价的确定　实际工作中，一般根据鉴定估价的经济行为确定重置成本的全价，具体有以下两种处理方法。

① 对于以所有权转让为目的的二手车交易经济行为，将评估基准日被评估车辆所在地收集的现行市场成交价格作为被评估车辆的重置成本全价，其他费用略去不计。

② 对企业产权变动的经济行为（如企业合资、合作和联营，企业分设、合并和兼并，企业清算，企业租赁等），其重置成本全价除了考虑被评估车辆的现行市场购置价格以外，还应将国家和地方政府规定对车辆加收的其他税费（如车辆购置附加费、车船使用税等）一并计入重置成本全价中。

二、应用收益现值法的评估

1. 计算模型

应用收益现值法求二手车评估值的计算，实际上就是对被评估二手车未来预期收益进行折现的过程。

被评估二手车的评估值等于剩余寿命内各收益期的收益折现值之和。其基本计算公式为

$$P = \sum_{t=1}^{n} \frac{A_t}{(1+i)^t} = \frac{A_1}{(1+i)^1} + \frac{A_2}{(1+i)^2} + \cdots + \frac{A_n}{(1+i)^n}$$

式中　P——评估值，元；

A_t——未来第t个收益期的预期收益额，元；

A_n——预期第n年收益额，元；

n——收益年期（即二手车剩余使用寿命的年限）；

i——折现率，在经济分析中如果不作其他说明，一般指年利率或收益率；

t——收益期，一般以年计。

由于二手车的收益期是有限的，所以上式中的A_t还包括收益期末车辆的残值，一般估算时忽略不计。

当$A_1 = A_2 = \cdots = A_n = A$时，即在 1～$n$ 年未来收益均为A时，则有

$$P = A\left[\frac{1}{(1+i)^1} + \frac{1}{(1+i)^2} + \cdots + \frac{1}{(1+i)^n}\right] = A\frac{(1+i)^n - 1}{i(1+i)^n}$$

式中　$\frac{1}{(1+i)^n}$——第n个收益期的现值系数；

$\frac{(1+i)^n - 1}{i(1+i)^n}$——年均现值系数。

上式反映了收益率为i，二手车预期在n年的收益期内每年的收益为A元，n年累计收益额"等值于"现值P元，那么，现在可接受的最大投资额应为P元。

2. 收益现值法各评估参数的确定

（1）收益年期n的确定　收益年期（即二手车剩余使用寿命的年限）指从评估基准日到二手车报废的年限。各类营运车辆的报废年限在国家《机动车强制报废标准规定》中都有具体规定。如果剩余使用寿命期估算得过长，则计算的收益期就多，

车辆的评估价格就高；反之，则会低估价格。因此，必须根据二手车的实际状况对其收益年期作出正确的评定。

（2）预期收益额A_i的确定　运用收益现值法时，未来每年收益额的确定是关键。预期收益额是指被评估二手车在其剩余使用寿命内的使用过程中，可能带来的年纯收益额。确定车辆预期收益额时应注意以下两点。

① 预期收益额是通过预测分析获得的。对于买卖双方来说，判断车辆是否有价值，应判断该车辆是否能带来收益。对车辆收益能力的判断，不仅要看现在的情形，更重要的是关注未来的经营风险。

② 收益额的构成。以企业为例，对收益额目前有三种观点，第一，企业税后利润；第二，企业税后利润与提取折旧额之和扣除投资额；第三，利润总额。在二手车评估业务中建议选择第一种观点，目的是准确反映预期收益额。其计算公式为

收益额＝税前收入－应交所得税＝税前收入×（1－所得税率）

税前收入＝一年的毛收入－车辆使用的各种税费和人员劳务费等

（3）折现率i的确定　折现率是指将未来预期收益额折算成现值的比值。从本质上讲，折现率是一种期望投资报酬率，是投资者在投资风险一定的情况下，对投资所期望的回报率。折现率由无风险报酬率和风险报酬率两部分组成，即

折现率（i）＝无风险报酬率＋风险报酬率

无风险报酬率一般是指同期国库券利率，它实际上是一种无风险收益率。风险报酬率是指超过无风险收益率以上部分的投资回报率。

三、应用现行市价法的评估

运用现行市价法评估二手车价值通常采用直接市价法和类比调整市价法。

1. 直接市价法

直接市价法是指在市场上能找到与被评估二手车完全相同的车辆的现行市价，并依其价格直接作为被评估二手车评估价格的一种方法。直接市价法的应用有以下两种情况。

① 参照车辆与被评估二手车完全相同。所谓完全相同是指车辆型号、使用条件和技术状况相同，生产和交易时间相近。这样的参照车辆常见于市场保有量大、交易比较频繁的畅销车型，如桑塔纳、捷达等。

② 参照车辆与被评估二手车相近。这种情况是指参照车辆与被评估车辆类别相同、主参数相同、结构性能相同，只是生产序号不同并只作局部改动，交易时间相近的车辆，也可近似等同为评估过程中的参照车辆。这种情况在我国汽车市场上是非常常见的，很多汽车厂商为了追求车型的变化，给消费者一个新的感受，每年都在原车型的基础上做一些小的改动，如车身的小变化、内饰配置的变化等。

直接市价法评估公式为

$$P = P'$$

式中　P——评估值,元;

　　　P'——参照车辆的市场成交价格,元。

2. 类比调整市价法

(1) 计算模型　类比调整市价法是指评估二手车时,在公开市场上找不到与之完全相同的车辆,但能找到与之相类似的车辆,以此为参照车辆,并根据车辆技术状况和交易条件的差异对参照车辆的价格作出相应调整,进而确定被评估二手车价格的一种评估方法。其基本计算公式为

$$P = P'K$$

式中　P——评估值,元;

　　　P'——参照车辆的市场成交价格,元;

　　　K——差异调整系数。

类比调整市价法不像直接市价法对参照车辆的条件要求那么严,只要求参照车辆与被评估二手车大的方面相同即可。

(2) 评估步骤　现行市价法评估二手车的步骤如下。

① 收集被评估二手车资料。收集被评估二手车的相关资料,内容包括车辆的类别名称、车辆型号和技术性能参数、生产厂家和出厂年月、车辆用途、目前使用情况和实际技术状况、尚可使用的年限等,为市场数据资料的搜集及参照物的选择提供依据。

② 选取参照车辆。根据了解到的被评估二手车资料,按照可比性原则,从二手车交易市场上寻找可类比的参照车辆,参照车辆的选择应在2辆以上。车辆的可比因素主要包括以下几个方面。

a. 车辆型号和生产厂家。

b. 车辆用途。是私家车还是公务车,是乘用车还是商用车等。

c. 车辆使用年限和行驶里程。

d. 车辆实际技术性能和技术状况。

e. 车辆所处地区。由于地区经济发展的不平衡,收入水平存在差别,在不同地区的二手车交易市场,同样车辆的价格会有较大的差别。

f. 市场状况。指的是二手车交易市场处于低迷还是复苏、繁荣,车源丰富还是匮乏,车型涵盖面如何,交易量如何,新车价格趋势如何等。

g. 交易动机和目的。指车辆出售是以清偿还是以淘汰转让为目的,买方是获利转手倒卖还是购买自用。不同情况下的交易作价往往有较大的差别。

h. 成交数量。单辆与成批车辆交易的价格会有一定差别。

i. 成交时间。应采用近期成交的车辆作类比对象。由于国家经济、金融和交通政策以及市场供求关系会随时发生一些变化，市场行情也会随之变化，引起二手车价格的波动。

　　③ 类比和调整。对被评估二手车和参照车辆之间的差异进行分析、比较，并进行适当的量化后调整为可比因素。主要差异及量化方法体现在以下方面。

　　a. 结构性能的差异及量化。汽车型号、结构上的差别都会集中反映到汽车的功能和性能的差别上，功能和性能的差异可通过功能、性能对汽车价格的影响进行估算（量化调整值＝结构性能差异值×成新率）。例如，同类型的汽油车，电喷发动机相对于化油器发动机要贵 3000～5000 元；对营运汽车而言，主要表现为生产能力、生产效率和运营成本等方面的差异，可利用收益现值法对其进行量化调整。

　　b. 销售时间的差异与量化。在选择参照车辆时，应尽可能选择评估基准日的成交案例，以免去销售时间差异的量化；若参照车辆的交易时间在评估基准日之前，则可采用价格指数法将销售时间差异量化并调整。

　　c. 新旧程度的差异及量化。被评估二手车与参照车辆在新旧程度上存在一定的差异，要求评估人员能够对二者作出基本判断，取得被评估二手车和参照车辆的成新率后，以参照车辆的价格乘以被评估二手车与参照车辆的成新率之差，即可得到两者新旧程度的差异量 [新旧程度差异量＝参照车辆价格×（被评估二手车成新率－参照车辆成新率）]。

　　d. 销售数量的差异及量化。销售数量的大小、采用何种付款方式均会对二手车成交单价产生影响。销售数量的不同会造成成交价格的差异，必须对此差异进行分析，适当调整被评估二手车的价值。

　　e. 付款方式的差异及量化。在二手车交易中，绝大多数为现款交易，在一些地区已有二手车通过银行按揭销售。银行按揭销售的二手车与一次性付款的二手车的价格差异由两部分组成，一是银行的贷款利息，贷款利息按贷款年限确定；二是汽车按揭保险费，各保险公司的汽车按揭保险费率不完全相同，会有一些差异。

　　④ 计算评估值。将各可比因素差异的调整值以适当的方式加以汇总，并据此对参照车辆的成交市价进行调整，从而确定被评估二手车的评估价格。

四、应用清算价格法的评估

　　目前，对于清算价格的确定方法，从理论上还难以找到十分有效的依据，但在实践上仍有一些方法可以采用，主要方法有如下三种。

1. 评估价格折扣法

　　首先，根据被评估二手车的具体情况及所获得的资料，选择重置成本法、收益现值法及现行市价法中的一种方法确定被评估二手车的价格；然后，根据市场调查和快速变现原则，确定一个合适的折扣率。用评估价格乘以折扣率，所得结果即为被评估二手车的清算价格。例如，一辆桑塔纳轿车，经调查在二手车交易市场上成交价为4万元，根据销售情况调查，折价20%可以当即出售，则该车辆清算价格为 $4×(1-20\%)=3.2$（万元）。

2. 模拟拍卖法

模拟拍卖法，也称意向询价法。这种方法是根据向被评估二手车的潜在购买者询价的办法取得市场信息，最后经评估人员分析确定其清算价格的一种方法。用这种方法确定的清算价格受供需关系影响很大，要充分考虑其影响的程度。

例如，有8t自卸车1台，拟评估其拍卖清算价格，评估人员经过对两家运输公司、三个个体运输户征询意向价格，其报价分别为7万元、8.3万元、7.8万元、8万元和7.5万元，平均价为7.72万元。考虑目前各种因素，评估人员确定清算价格为7.5万元。

3. 竞价法

竞价法是由法院按照破产清算的法定程序或由卖方根据评估结果提出一个拍卖的底价，在公开市场上由买方竞争出价，谁出的价格高就卖给谁。

第四节　撰写二手车评估报告书

一、二手车鉴定评估报告定义

二手车鉴定评估报告是指二手车鉴定评估机构按照评估工作制度有关规定，在完成鉴定评估工作后向委托方和有关方面提交的说明二手车鉴定评估过程和结果的书面报告。它是按照一定格式和内容来反映评估目的、程序、依据、方法、结果等基本情况的报告书。

二、评估报告书的作用

二手车鉴定评估报告书不仅是一份评估工作的总结，而且是其价格的公正性文件和二手车交易双方认定二手车价格的依据。

1. 二手车鉴定评估报告书对委托方的作用

① 作为产权交易变动的作价依据。
② 作为法庭辩论和裁决时确认财产价格的举证材料。

③ 作为支付评估费用的依据。

④ 二手车鉴定评估报告书是反映和体现评估工作情况，明确委托方、受托方及有关方面责任的根据。

2. 二手车鉴定评估报告书对鉴定评估机构的作用

① 二手车鉴定评估报告书是评估机构评估成果的体现，是一种动态管理的信息资料，体现了评估机构的工作情况和工作质量。

② 二手车鉴定评估报告书是建立评估档案，归集评估档案资料的重要信息来源。

三、二手车鉴定评估报告书的基本内容

二手车鉴定评估报告书主要包括以下内容。

① 封面。

② 首部。鉴定评估报告书正文的首部应包括标题和报告书序号。

a. 标题。标题应简练清晰，含有"××××（评估项目名称）鉴定评估报告书"字样，位置居中偏上。

b. 报告书序号。报告书序号应符合公文的要求，包括评估机构特征字、公文种类特征字、年份、文件序号等。

③ 绪言。写明该评估报告委托方全称、受委托评估事项及评估工作整体情况，一般应采用包含下列内容的表达格式。

④ 委托方与车辆所有方简介。

a. 应写明委托方、委托方联系人的名称、联系电话及住址。

b. 应写明车主的名称。

⑤ 鉴定评估目的。应写明本次鉴定评估是为了满足委托方的何种需要，及其所对应的经济行为类型。

⑥ 鉴定评估对象。须简要写明纳入评估范围车辆的厂牌型号、号牌号码、发动机号、车辆识别代号/车架号、注册登记日期、年审检验合格有效日期、车辆购置税证号码、车船使用税缴纳有效期。

⑦ 鉴定评估基准日。写明车辆鉴定评估基准日的具体日期。

⑧ 评估原则。严格遵循"客观性、独立性、公正性、科学性"原则。

⑨ 评估依据。评估依据一般包括行为依据、法律法规依据、产权依据和评定及取价依据等。对评估中所采用的特殊依据也应在本节内容中披露。

⑩ 评估方法及计算过程。简要说明评估人员在评估过程中所选择并使用的评估方法；简要说明选择评估方法的依据或原因；如评估时采用一种以上的评估方法，则应适当说明原因并说明该资产评估价值确定方法；对于所选择的特殊评估方法，

应适当介绍其原理与适用范围；简单说明各种评估方法计算的主要步骤等。

⑪ 评估过程。评估过程应反映二手车鉴定评估机构自接受评估委托起至提交评估报告的工作过程，包括接受委托、验证、现场查勘、市场调查与询证、评定估算和提交报告等过程。

⑫ 评估结论。给出被评估车辆的评估价格。

⑬ 特别事项说明。评估报告中陈述的特别事项是指在已确定评估结果的前提下，评估人员提示在评估过程中已发现可能影响评估结论，但非评估人员执业水平和能力所能评定估算的有关事项；提示评估报告使用者应注意特别事项对评估结论的影响；提示鉴定评估人员认为需要说明的其他问题。

⑭ 评估报告法律效力。提示评估报告的有效日期，特别提示评估基准日的期后事项对评估结论的影响以及评估报告的使用范围等。常见写法如下。

a. 本项评估结论有效期为90天，自评估基准日至××××年××月××日止。

b. 当评估目的在有效期内实现时，本评估结果可以作为作价参考依据；超过90天，需重新评估。另外在评估有效期内若被评估车辆的市场价格或因交通事故等原因导致车辆的价值发生变化，对车辆评估结果产生明显影响时，委托方也需委托评估机构重新评估。

c. 鉴定评估报告书的使用权归委托方所有，其评估结论仅供委托方为本项目评估目的使用和送交二手车鉴定评估主管机关审查使用，不适用于其他目的；因使用本报告书不当而产生的任何后果与签署本报告书的鉴定估价师无关；未经委托方许可，本鉴定评估机构承诺不将本报告书的内容向他人提供或公开。

⑮ 鉴定评估报告提出日期。写明评估报告提交委托方的具体时间。评估报告原则上应在确定的评估基准日后1周内提出。

⑯ 附件。附件应包括二手车鉴定评估委托书、二手车鉴定评估作业表、车辆行驶证、车辆购置税发票复印件、车辆登记证书复印件、二手车鉴定评估师资格证书影印件、鉴定评估机构营业执照影印件、鉴定评估机构资质影印件和二手车照片等。

⑰ 尾部。写明出具评估报告的评估机构名称，并盖章；写明评估机构法定代表人姓名并签名；注册旧机动车鉴定评估师盖章并签名；高级注册旧机动车鉴定评估师审核签章；写明报告日期。

四、编制二手车鉴定评估报告书的步骤及注意事项

1. 编制二手车鉴定评估报告书的步骤

（1）评估资料的分类整理　将评估资料进行分类整理，包括评估鉴定作业表的审核、评估依据的说明和最后形成评估的文字材料。

（2）鉴定评估资料的分析讨论　在整理资料工作完成后，应召集参与评估工作过程的有关人员，对评估的情况和初步结论进行分析讨论。如果发现其中提法不妥、计算错误、作价不合理等方面的问题，要求进行必要的调整。若采用两种不同方法评估并得出两个不同结论的，需要在充分讨论的基础上得出一个正确的结论。

（3）鉴定评估报告书的撰写　评估报告的负责人应根据评估资料讨论后的修正意见，进行资料的汇总编排和评估报告书的撰写工作；然后将初步结论与委托方交换意见，对报告书中存在的疏忽、遗漏和错误之处进行修正，待修正完毕即可撰写出正式的二手车鉴定评估报告书。

（4）评估报告的审核　评估报告先由项目负责人审核，再报评估机构经理审核签发，同时要求二手车鉴定评估人员签字并加盖评估机构公章。送达客户签收时，必须要求客户在收到评估书后，按送达回证上的要求认真填写并要求收件人签字确认。

2. 编制二手车鉴定评估报告书时应注意的事项

① 实事求是，切忌出具虚假报告。

② 坚持一致性做法，切忌出现表里不一的现象。

③ 提交报告书要及时、齐全。

第四章
二手车交易

第一节　了解二手车交易

二手车交易是一种产权交易，实现二手车所有权从卖方到买方的转移过程。二手车必须完成所有权转移登记（即过户）才算是合法、完整的交易。

二手车交易必须符合《二手车交易规范》的相关规定，并按照规定的程序进行。

一、二手车交易类型

（一）二手车交易类型

根据《二手车流通管理办法》规定，二手车交易有以下几种类型。

1. 直接交易

二手车直接交易是指二手车所有人不通过经销企业、拍卖企业和经纪机构，而将车辆直接出售给买方的交易行为。交易可以在二手车交易市场内进行，也可以在场外进行。

2. 中介经营

中介经营是指二手车买卖双方通过中介方的帮助而实现交易，中介方收取约定佣金的一种交易行为。中介经营包括二手车经纪、二手车拍卖等。

① 二手车经纪。二手车经纪是指二手车经纪机构以收取佣金为目的，为促成他人交易二手车而从事居间、行纪或者代理等经营活动。

② 二手车拍卖。二手车拍卖是指二手车拍卖企业以公开竞价的形式将二手车转让给最高应价者的经营活动。

3. 二手车销售

二手车销售是指二手车销售企业收购、销售二手车的经营活动。

二手车置换也是一种二手车经销行为。

二手车典当不赎回的情况也可以算作一种二手车销售。二手车典当是指二手车所有人将其拥有的、具有合法手续的车辆质押给典当公司，典当公司支付典当当金，封存质押车辆，双方约定在一定期限内由出典人（二手车所有人）结清典当本息、赎回车辆的一种贷款行为。典当时二手车所有人须持合法有效的手续到典当行办理典当手续，由典当行工作人员和车主当面查验，填写《机动车抵押/注销抵押登记申请表》（此申请表必须交到车辆管理所备案），然后封入典当公司的专业车辆库房。如果到约定的赎回期限二手车所有人不赎回车辆，则典当行就可以依据协议自行处置该车，如出售。

（二）二手车交易者类型

二手车可以在任何身份的人群中交易。根据二手车买卖双方身份不同，二手车交易者有以下四种类型。

（1）个人对个人交易　这种交易类型是二手车所有人为个人，二手车买受人也为个人。

（2）个人对单位交易　这种交易类型是二手车所有人为个人，二手车买受人为单位。

（3）单位对个人交易　这种交易类型是二手车所有人为单位，二手车买受人为个人。

（4）单位对单位交易　这种交易类型是二手车所有人为单位，二手车买受人也为单位。

二、二手车交易的相关规定

1. 二手车交易地点

二手车应在车辆注册登记所在地交易，也就是说，二手车不允许在异地交易。

2. 二手车办理转移登记手续地点

二手车转移登记手续应按照公安部门有关规定在原车辆注册登记所在地公安机关交通管理部门办理。需要进行异地转移登记的，由车辆原属地公安机关交通管理部门办理车辆转出手续，在接收地公安机关交通管理部门办理车辆转入手续。

3. 建立二手车交易档案

交易后，二手车交易市场经营者、经销企业、拍卖公司应建立交易档案。交易档案主要包括以下内容。

① 法定证明、凭证复印件（主要包括车辆号牌、机动车登记证书、机动车行驶证和机动车安全技术检验合格标志）。

② 购车原始发票或者最近一次交易发票复印件。

③ 买卖双方身份证明或者机构代码证书复印件。

④ 委托人及授权代理人身份证或者机构代码证书，以及授权委托书复印件。

⑤ 交易合同原件。

⑥ 二手车经销企业的《车辆信息表》、二手车拍卖公司的《拍卖车辆信息》和《二手车拍卖成交确认书》。

⑦ 其他需要存档的有关资料。

交易档案保留期限不少于3年。

第二节 二手车交易流程

一、二手车交易程序的种类

二手车交易不像一般商品交易那么简单，需要遵守相关的政策规定，按照一定的交易程序进行，这样才能保障买卖双方的利益。不论是哪一种交易类型，都必须办理过户相关手续，以实现车辆所有权变更。目前，我国没有统一的二手车交易程序标准，各地二手车交易市场在完成二手车交易过程中程序可能有差异，但主要程序基本是相同的。下面以北京市二手车交易为例，介绍二手车交易的基本程序。

> **小提示**
>
> 根据二手车交易类型和开具销售发票的权限，二手车交易程序有二手车直接交易程序、二手车销售交易程序、二手车拍卖交易程序三种。

1. 二手车直接交易程序

二手车个人直接交易和通过二手车经纪机构进行的二手车交易，卖方不能直接给买方开具二手车销售统一发票。根据《二手车流通管理办法》规定，买卖双方达成交易意向后应当到二手车交易市场办理过户业务，由二手车交易市场经营者按规定向买方开具税务机关监制的统一发票——二手车销售统一发票（发票上必须盖有工商验证章才有效），以便办理车辆相关证件及手续的变更。这种交易的程序（流程）如图4-1所示。

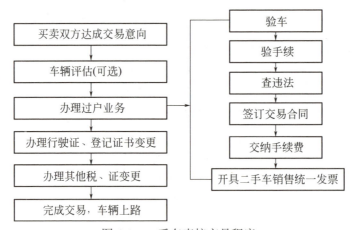

图4-1 二手车直接交易程序

（1）买卖双方达成交易意向　买卖双方达成交易意向是指买卖双方已就二手车交易谈妥了相关条件（如成交价格），达成了成交愿望。交易意向的达成是买卖双方的一个谈判过程，一旦谈妥就可以进入办理交易过户的相关手续，完成交易。

（2）车辆评估　二手车鉴定评估是买卖双方达成交易意向后自愿选择的项目。《二手车流通管理办法》规定：交易二手车时，除属国有资产的二手车外，二手车鉴定评估应本着买卖双方自愿的原则，不得强制执行，更不能以此为依据强制收取评估费。

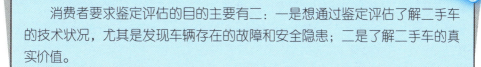

小提示

消费者要求鉴定评估的目的主要有二：一是想通过鉴定评估了解二手车的技术状况，尤其是发现车辆存在的故障和安全隐患；二是了解二手车的真实价值。

对于不熟悉汽车性能的普通消费者来说，在购买二手车时，委托二手车鉴定评估机构作鉴定评估还是十分必要的。但一定要委托正规的、有资质的第三方评估机构（如二手车鉴定评估中心、资产评估事务所、价格认证中心），并签订鉴定评估委托书，以使自己的权益得到保证。消费者得到的鉴定评估结果是二手车鉴定评估报告书，由评估机构签章后生效，作为车辆交易的参考。

（3）二手车评估中需要注意的问题　下面通过一个评估案例介绍二手车评估中值得注意的一些问题。

在现实的二手车交易业务中，除了参考当前新车的售价以外，有时也要考虑二手车的原始价格，以平衡买卖双方的利益。

例如，某车是在半年前购买的，发票上注明的价格是11.58万元，而该车当时的厂家指导价为11.98万元，由此可见是优惠了0.4万元后购买的。而在半年后，厂家和4S店加大了对该车型的优惠幅度，达到1.5万元，目前提车时，发票上所注价格为10.48万元。那么，根据重置成本法中有关重置成本方面的要求，需要将10.48万元作为重置成本评估标准。假使按第一年折旧率为15%～20%来计算，该车的收购行情价在8.4万～8.9万元之间。那么就与该车主原购买价有近3.2万元的差距。试想一下，11万多元购买的新车，使用仅半年，且车况良好，卖车时损失近3.2万元，车主显然是无法接受的。

在二手车交易具体环节中，买卖双方都会追求自身利益的最大化，只有在交易双方达成一致、认可价格的基础上，才能达成交易。对于上述这辆车，如果二手车经营者想达成交易，就要保证车主的损失不应过大，至少应该在其可以接受的范围之内。所以，比较现实的做法就是依据购车发票上的原始价格，即11.58万元来进行价值评估，评估价范围在9.2万~9.8万元之间。当然，如果收购价格达到9.8万元，与当前新车优惠后的购买价，即10.48万元过于接近，对二手车经营者来说，必然造成经营风险，所以现实中是采取"折中"的办法，一般会选择9.2万元的价格，或适当再高一些的价格。因为选择"9万出头"这样的收购价，二手车商家再转手时，如增加0.7万元至0.9万元的利润，销售价也不会超过10万元，这让消费者在心理上也可以接受。如收购价超过9.5万元，那么想不超过10万元转手，利润最多不会超过0.5万元。这样对于二手车经营者而言，利润显然太薄了。但如果转手价超过10万元，就与新车售价（即10.48万元）非常接近，消费者是很难接受的。

从上面的例子可见原购车发票价格的重要性。所以在车辆收购环节中，不应过分依赖评估方法和各种公式，应权衡利弊，斟酌损益。二手车经营的最终目的是顺利地达成交易，实现经济利益。

> **小提示**
>
> 上述方法对于一些使用年限短，通常为使用1年或1年以内的车辆适用。对于使用时间超过1年的，采用"重置成本法"较为有效。

2. 二手车销售交易程序

由于二手车销售企业能够直接给购车者开具二手车销售统一发票，所以只要购车者和二手车销售企业达成交易意向，双方即可签订二手车交易合同，购车者付清车款后，企业按规定给购车者开具二手车销售统一发票，那么购车者就可以携带发票和要求的证件去相关部门办理车辆相关证件及手续的变更。这种交易的程序（流程）如图4-2所示。有关车辆的合法性手续，二手车经销企业在收购车时已经查验过，可以通过二手车交易合同加以保证。

3. 二手车拍卖交易程序

根据《二手车流通管理办法》规定，二手车拍卖企业也能够直接给买受人开具二手车销售统一发票，所以在拍卖会结束后，买受人和拍卖企业签订成交确认书（相当于二手车交易合同），交款得到二手车销售统一发票，凭成交确认书到指定地点提车，然后携带发票和要求的证件去相关部门办理车辆相关证件及手续的变更。拍卖交易程序（流程）如图4-3所示。

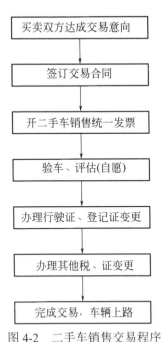

图 4-2　二手车销售交易程序

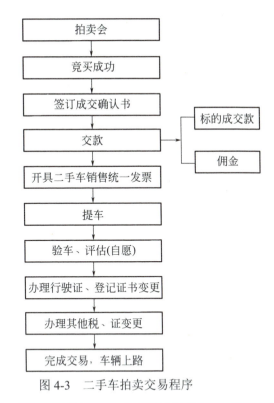

图 4-3　二手车拍卖交易程序

> **小提示**
>
> 有些拍卖企业虽然有二手车拍卖业务，但没有开具二手车销售统一发票的资格，此时，在交款后需要到指定的二手车交易市场办理相关过户手续，由市场按规定开具二手车销售统一发票。

有关车辆的合法性手续，二手车拍卖企业在接受拍卖委托时已经查验过，可以通过二手车拍卖成交确认书加以保证。

二、二手车交易过户业务的办理

二手车过户过程实际上分为两个步骤，即车辆交易过户和转移登记过户，两个步骤缺一不可。交易过户业务在二手车交易市场里办理，获取二手车销售统一发票；转移登记过户业务在车管所办理，主要完成机动车登记证书的变更登记、核发机动车行驶证及机动车号牌。办理二手车交易时，如果原车主不来，可以授权委托其他人来办理交易及过户手续，但必须签署有授权委托书（图 4-4）。此委托书只在办理交易过户业务时使用，而办理转移登记过户业务时不用。

授权办理旧机动车交易、过户委托书

本委托书现有旧机动车一辆，车辆号牌为_____

车辆型号为_____需出售。现委托_____

以委托人的名义办理上述旧机动车的交易、过户事宜。

委托人(签章)_____

____年____月____日

注：1.此原件(或复印件)应由委托人主动向购买旧车的当事人提供。
　　2.以下手续由本委托人提供：(1)车辆登记证书原件；(2)本人身份证或单位法人代码证书；(3)车辆行驶证原件；(4)购车发票。

图 4-4　二手车交易、过户委托书

办理交易过户业务程序参见图 4-1。

1. 验车

验车是买卖双方到二手车交易市场办理过户业务的第一道程序，由市场主办方委派负责过户的业务人员办理。验车的目的主要是检查车辆和行驶证上的内容是否一致，对车辆的合法性进行验证。检查的内容包括车主姓名、车辆名称、车辆的号牌号码、车辆类型、车辆识别代码、发动机号、排气量、初次登记日期等，经检查无误后，填写车辆检验单（图 4-5），进入查验手续阶段。

××市××旧机动车交易市场车辆检验单

卖方：_____　　　　　　　　联系电话：_____
买方：_____　　　　　　　　联系电话：_____
车牌号码：_____　　　　　　车辆类型：_____
车牌品牌名称：_____　　　　车辆识别代号：_____
车牌使用性质：_____　　　　发动机号：_____
排气量：_____　车辆出厂年份：_____　车辆颜色：_____
注册登记日期：_____　　　　登记证号：_____
原购车价：_____　交易管理费：_____　有效期：_____
验车员：_____　　　　　　　　　　　　年　　月　　日
备注：

号牌号码：_____　登记日期：_____　年份：_____
厂牌名称：_____　颜色：_____　　　排气量：_____
车辆类型：_____　使用性质：_____　原购车价：_____
经办人：_____　　　　　　　　　　　　年　　月　　日

图 4-5　车辆检验单

2. 验手续

> **小提示**
>
> 验手续主要查验车辆手续和机动车所有人身份证明。目的是检验买卖双方所提供的所有手续是否具备办理过户的条件，检查有无缺失以及不符合规定的手续。

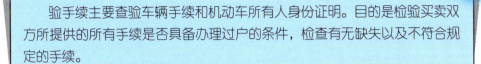

（1）车辆手续检查

① 查验证件。查验证件的目的是查验交易车辆的合法性。每辆合法注册登记的机动车都有车辆管理所核发的机动车登记证书和机动车行驶证、机动车号牌，号牌必须悬挂在车体指定位置。二手车交易时主要查验的证件有机动车来历证明、机动车登记证书和机动车行驶证。

② 查验税费证明。根据《二手车流通管理办法》规定，二手车交易必须提供车辆购置税、车船使用税和车辆保险单等税费缴付凭证。

（2）机动车所有人身份证明 机动车所有人身份证明是证实车主身份的依据，目的是查验机动车所有人是否合法拥有该车的处置权。车主的身份证明有以下几种情况。

① 如果车主为自然人，则身份证件为个人身份证。个人身份又有本地个人和外地个人之分，本地个人，只需身份证原件；外地个人，需身份证原件和暂住证原件。

② 如果车主为企业，则身份证件为企业的法人代码证书。

③ 如果车主为外籍公民，则身份证件为其护照及工作（居留）证。

根据《二手车交易规范》规定，二手车交易市场经营者和二手车经营主体应按下列项目确认卖方的身份及车辆的合法性。

① 卖方身份证明或者机构代码证书原件合法有效。

② 车辆号牌、机动车登记证书、机动车行驶证、机动车安全技术检验合格标志真实、合法、有效。

③ 交易车辆不属于《二手车流通管理办法》第二十三条规定禁止交易的车辆。

同时，二手车交易市场经营者和二手车经营主体应核实卖方的所有权或处置权证明。车辆所有权或处置权证明应符合下列条件。

① 机动车登记证书、行驶证与卖方身份证明名称一致；国家机关、国有企事业单位出售的车辆，应附有资产处理证明。

② 委托出售的车辆，卖方应提供车主授权委托书和身份证明。

③ 二手车经销企业销售的车辆，应具有车辆收购合同等能够证明经销企业拥有

该车所有权或处置权的相关材料，以及原车主身份证明复印件。原车主名称应与机动车登记证、行驶证名称一致。

3. 查违法

查违法就是查询交易的二手车是否有违法行为记录。具体方法是登录车辆管理部门的信息数据库或查询网站进行查询。

4. 签订交易合同

根据《二手车流通管理办法》规定，二手车交易双方应该签订交易合同，要在合同当中对二手车的状况、来源的合法性、费用负担以及出现问题的解决方法等各方面进行约定，以便分清各自的责任和义务。

二手车经过查验和评估后，其车辆的真实性和基本价格已基本确定。如果车主不同意评估价格，则可以和二手车销售企业协商达成最终交易的价格，同时，需要原车主对其车辆的一些其他事宜（使用年限、行驶公里数、安全隐患、有无违章记录等）作出一个书面承诺。这些都是以签订交易合同的形式来确定的。交易合同是确立买卖双方交易关系和履行责任的法律合约，是办理交易手续和过户手续的必要凭证之一。

5. 交纳手续费

手续费俗称过户费，是指在二手车交易市场中办理交易过户业务相关手续的服务费用。

目前，很多二手车交易市场的服务费是按照汽车的排量来进行定额收取的，小排量少收，大排量多收。如北京市旧机动车交易市场收取标准按排量、年份、价格来划分，并设有起始价和最低价。车辆初次登记日期一年以内的车型按起始价收取费用，然后按使用年份逐年递减，直至最低价。微型轿车的过户费用200元起，1.0L排量的轿车300元起，两者的过户费用最高均为600元。然后随着排量的增大，过户费用也增加，3.0L排量的轿车最高的过户费用为4000元，最低为500元。相应的相同排量的客车与货车的过户费用低于轿车，最低的微型货车和农用车的过户费用只需100元。

6. 开具二手车销售统一发票

二手车销售发票是二手车的来历证明，是办理转移登记手续变更的重要文件，因此，它又被称为"过户发票"。过户发票的有效期为1个月，买卖双方应在此期限内，到车辆管理部门办理机动车行驶证、机动车登记证的相关变更手续。

二手车销售统一发票由从事二手车交易的市场、有开票资格的二手车经销企业或拍卖企业开具；二手车经纪公司和消费者个人之间二手车交易发票由二手车交易市场统一开具。二手车销售统一发票是采用压感纸印制的计算机票，一式五联，其中存根联、记账联、入库联由开票方留存；发票联交购车方、转移登记联交公安车辆管理部门办理过户手续。二手车销售发票的价款中不包括过户手续费和评估费。

开具的发票必须经驻场工商部门审验合格后，在已经开具的二手车销售统一发票上加盖"工商行政管理局旧机动车市场管理专用章"，发票才能生效，这一步骤称为"工商验证"。

7. 二手车交易完成后卖方应向买方交付的手续

二手车交易完成后，卖方应当及时向买方交付车辆、号牌及车辆法定证明、凭证。车辆法定证明、凭证主要包括机动车登记证书、机动车行驶证、有效的机动车安全技术检验合格标志、车辆购置税完税证明、车船使用税缴付凭证、车辆保险单。

三、二手车交易合同的订立

1. 订立二手车交易合同的基本准则

二手车交易合同是指二手车经营公司、经纪公司与法人、其他组织和自然人相互之间，为实现二手车交易的目的、明确相互权利义务关系所订立的协议。

订立交易合同时须遵守以下基本原则。

（1）合法原则　订立二手车交易合同，必须遵守法律和行政法规。法律法规集中体现了人民的利益和要求。合同的内容及订立合同的程序、形式只有与法律法规相符合，才会具有法律效力，当事人的合法权益才可得到保护。任何单位和个人都不得利用经济合同进行违法活动，扰乱市场秩序，损害国家和社会利益，牟取非法收入。

（2）平等互利、协商一致原则　订立合同的当事人法律地位一律平等，任何一方不得以大欺小、以强凌弱，把自己的意愿强加给对方，双方都必须在完全平等的地位上签订二手车交易合同。

> **小提示**
>
> 二手车交易合同应当在当事人之间充分协商、意思表示一致的基础上订立，采取胁迫、乘人之危、违背当事人真实意志而订立的合同都是无效的，也不允许任何单位和个人进行非法干预。

2. 交易合同的主体

二手车交易合同主体是指为了实现二手车交易的目的，以自己名义签订交易合同，享有合同权利、承担合同义务的组织和个人。根据《中华人民共和国合同法》的规定，我国合同当事人从其法律地位来划分，可分为以下几种。

（1）法人　法人是指具有民事权利能力和民事行为能力，依法独立享有民事权利和承担民事义务的组织。

它必须具备以下条件。

① 依法成立。

② 有必要的财产或经费。

③ 有自己的名称、场所和组织机构。

④ 能够独立承担民事责任的企业法人、机关法人、事业单位法人和社会团体法人。

（2）其他组织　其他组织是指合法成立、有一定的组织机构和财产，但又不具备法人资格的组织，如私营独资企业、合伙组织和个体工商户。

（3）自然人　自然人是指具有完全民事行为能力，可以独立进行民事活动的人。

3. 交易合同的内容

（1）主要条款

① 标的。指合同当事人双方权利义务共同指向的对象，可以是物也可以是行为。二手车交易合同的标的是被交易的二手车。

② 数量。

③ 质量。是标的内在因素和外观形态优劣的标志，是标的满足人们一定需要的具体特征。

④ 履行期限、地点和方式。

⑤ 违约责任。

⑥ 根据法律规定的或按合同性质必须具备的条款及当事人一方要求必须规定的条款。

（2）其他条款　包括合同的包装要求、某种特定的行业规则和当事人之间交易的惯有规则。

4. 交易合同的变更和解除

（1）交易合同的变更　交易合同的变更，通常是指依法成立的交易合同尚未履行或未完全履行之前，当事人就其内容进行修改和补充而达成的协议。

交易合同的变更必须以有效成立的合同为对象，凡未成立或无效的合同，不存在变更问题。交易合同的变更是在原合同的基础上，达成一个或几个新的合同作为修正，以新协议代替原协议。所以，变更作为一种法律行为，使原合同的权利义务关系消失，新权利义务关系产生。

（2）交易合同的解除　交易合同的解除，是指交易合同订立后，没有履行或没有完全履行以前，当事人依法提前终止合同。

（3）交易合同变更和解除的条件　合同法规定，凡发生下列情况之一，允许变更或解除合同。

① 当事人双方经协商同意,并且不因此损害国家利益和社会公共利益。

② 由于不可抗力致使合同的全部义务不能履行。

③ 另一方在合同约定的期限内没有履行合同。

5. 违约责任

违约责任,是指交易合同一方或双方当事人由于自己的过错造成合同不能履行或不能完全履行,依照法律或合同约定必须承受的法律制裁。

（1）违约责任的性质

① 等价补偿。凡是已给对方当事人造成财产损失的,就应当承担补偿责任。

② 违约惩罚。合同当事人违反合同的,无论这种违约是否已经给对方当事人造成财产损失,都要依照法律规定或合同约定,承担相应的违约责任。

（2）承担违约责任的条件

① 要有违约行为。要追究违约责任,必须有合同当事人不履行或不完全履行的违约行为。它可分为作为违约和不作为违约。

② 行为人要有过错。过错是指当事人违约行为主观上出于故意或过失。故意,是指当事人应当预见自己的行为会产生一定的不良后果,但仍用积极的不作为或者消极的不作为希望或放任这种后果的发生；过失是指当事人对自己行为的不良后果应当预见或能够预见到,而由于疏忽大意没有预见到或虽已预见到但轻信可以避免,以致产生不良后果。

（3）承担违约责任的方式

① 违约金。指合同当事人因过错不履行或不适当履行合同,依据法律规定或合同约定,支付给对方一定数额的货币。

根据《合同法》及有关条例或实施细则的规定,违约金分为法定违约金和约定违约金。

② 赔偿金。指合同当事人一方过错违约给另一方当事人造成损失超过违约金数额时,由违约方当事人支付给对方当事人的一定数额的补偿货币。

③ 继续履行。指合同违约方支付违约金、赔偿金后,应对方的要求,在对方指定或双方约定的期限内,继续完成没有履行的那部分合同义务。

> **小提示**
>
> 违约方在支付了违约金、赔偿金后,合同关系尚未终止,违约方有义务继续按约履行,最终实现合同目的。

6. 合同纠纷处理方式

合同纠纷，指合同当事人之间因对合同的履行状况及不履行的后果所发生的争议。根据《合同法》及有关条例的规定，我国合同纠纷的解决方式一般有协商解决、调解解决、仲裁和诉讼四种方式。

（1）协商解决　协商解决是指合同当事人之间直接磋商，自行解决彼此间发生的合同纠纷。这是合同当事人在自愿、互谅互让基础上，按照法律、法规的规定和合同的约定，解决合同纠纷的一种方式。

（2）调解解决　调解解决是指由合同当事人以外的第三人（交易市场管理部门或二手车交易管理协会）出面调解，使争议双方在互谅互让基础上自愿达成解决纠纷的协议。

（3）仲裁　仲裁是指合同当事人将合同纠纷提交国家规定的仲裁机关，由仲裁机关对合同纠纷作出裁决的一种活动。

（4）诉讼　诉讼是指合同当事人之间发生争议而合同中未规定仲裁条款或发生争议后也未达成仲裁协议的情况下，由当事人一方将争议提交有管辖权的法院按诉讼程序审理作出判决的活动。

7. 二手车交易合同的种类

二手车交易合同按当事人在合同中处于出让、受让或居间中介的不同情况，可分为二手车买卖合同和二手车居间合同两种。

（1）二手车买卖合同

① 出让人（售车方）。有意向出让二手车合法产权的法人或其他组织、自然人。

② 受让人（购车方）。有意向受让二手车合法产权的法人或其他组织、自然人。

（2）二手车居间合同（一般有三方当事人）

① 出让人（售车方）。有意向出让二手车合法产权的法人或其他组织、自然人。

② 受让人（购车方）。有意向受让二手车合法产权的法人或其他组织、自然人。

③ 中介人（居间方）。合法拥有二手车中介交易资质的二手车经纪公司。

第三节　二手车办理车辆转移登记与过户

一、二手车办理车辆转移登记

1. 办理车辆转移登记程序

二手车交易像买房子一样属于产权交易范畴，涉及相关的证明文件和必要手续。二手车交易后必须办理这些证明文件的转移登记手续，以完成手续完备的、合法的成交。机动车产权证明是机动车登记证书、机动车行驶证和机动车号牌。根据买卖双方的住所是否在同一车辆管理所管辖区内，机动车产权转移登记手续可分为同一车辆管理所管辖区内的所有权转移登记（即同城转移登记）和不同车辆管理所管辖区的所有权转移登记（即异地转移登记）两种登记方式。

小提示

二手车同城转移登记手续应当在原车辆注册登记所在地公安交通管理部门办理。需要进行异地转移登记的，由车辆原属地公安交通管理部门办理车辆迁出手续，在接收地公安交通管理部门办理车辆迁入手续。

办理二手车转移登记手续的程序如图4-6所示。

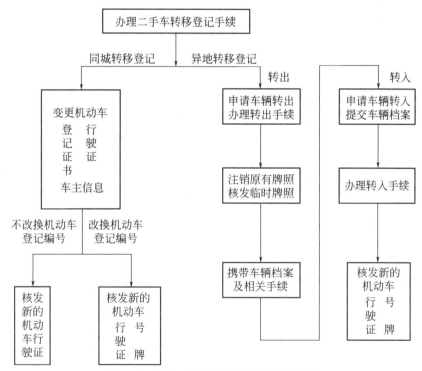

图4-6 办理二手车转移登记手续的程序

2. 二手车办理转移登记所需的手续及证件

二手车在同城交易和所有权转移登记时，根据买卖双方身份不同，二手车交易类型不同，办理转移登记时所需的手续和证件也相应不同。

（1）二手车所有权由个人转移给个人

① 卖方个人身份证原件及复印件。

② 买方个人身份证原件及复印件。

③ 车辆原始购置发票或上次交易过户发票原件及复印件。

④ 过户车辆的机动车登记证书原件及复印件。

⑤ 过户车辆的机动车行驶证原件及复印件。

⑥ 二手车买卖合同。

⑦ 外地户口需持暂住证。

⑧ 过户车辆到场。

（2）二手车所有权由个人转移给单位

① 卖方个人身份证原件及复印件。

② 买方单位法人代码证原件及复印件（须在年检有效期之内）。

③ 车辆原始购置发票或上次交易过户发票原件及复印件。

④ 过户车辆的机动车登记证书原件及复印件。

⑤ 过户车辆的机动车行驶证原件及复印件。

⑥ 二手车买卖合同。

⑦ 过户车辆到场。

（3）二手车所有权由单位转移给个人

① 卖方单位法人代码证原件及复印件（须在年检有效期之内）。

② 买方个人身份证原件及复印件。

③ 车辆原始购置发票或上次交易过户发票原件及复印件（发票丢失需本单位财务证明信）。

④ 卖方单位须按实际成交价格给买方个人开具成交发票（需复印）。

⑤ 过户车辆的机动车登记证书原件及复印件。

⑥ 过户车辆的机动车行驶证原件及复印件。

⑦ 二手车买卖合同。

⑧ 过户车辆到场。

（4）二手车所有权由单位转移给单位

① 卖方单位法人代码证原件及复印件（须在年检有效期之内）。

② 买方单位法人代码证原件及复印件（须在年检有效期之内）。

③ 车辆原始购置发票或上次交易过户发票原件及复印件（发票丢失需本单位财务证明信）。

④ 卖方单位须按实际成交价格给买方单位开具成交发票（需复印）。

⑤ 过户车辆的机动车登记证书原件及复印件。

⑥ 过户车辆的机动车行驶证原件及复印件。

⑦ 二手车买卖合同。

⑧ 过户车辆到场。

3. 同城车辆所有权转移登记

办理已注册登记的机动车在同城（同一车辆管理所管辖区内）发生所有权转移时，只需要更改车主姓名（单位名称）和住所等资料，机动车及机动车号牌可以不变更。这种变更情形习惯上称为办理过户手续，即把机动车原车主的登记信息变更为新车主的登记信息。

（1）过户登记的程序　现车主提出申请，填写机动车转移登记申请表（有的地区规定填写机动车变更过户改装报废审批申请表）→机动车检测站查验车辆（同时对超过检验周期的机动车进行安全检测）→车辆管理所受理审核资料→在机动车登记证书上记载过户登记事项（对需要改变机动车登记编号的，确定机动车登记编号）→收回原机动车号牌和机动车行驶证→重新核发机动车号牌和机动车行驶证（对不需要改变机动车登记编号的，只需重新核发机动车行驶证）。

① 提出申请。现车主向车辆管理所提出机动车产权转移申请，填写机动车转移登记申请表。

② 交验车辆。现车主将机动车送到机动车检测站检测，查验车辆识别代码/车架号码是否有凿改，和车辆识别代码/车架号码的拓印膜是否一致。如果是已经超过检验周期的机动车，还要进行安全检测。

③ 受理审核资料。受理转移登记申请，查验并收存相关资料，向现车主出具受理凭证。审批相关手续、符合规定的在计算机登记系统中确认；不符合规定的说明理由开具退办单，将资料退回车主。

④ 办理新旧车主信息资料的转移登记手续。如果需要改变机动车登记编号的，则进行机动车号牌选号、照相，重新确定机动车登记编号，最后，在机动车登记证书上记载转移登记事项。

⑤ 收回原机动车行驶证，核发新的机动车行驶证。

⑥ 需要改变机动车登记编号的，收回原机动车号牌、机动车行驶证，确定新的机动车登记编号，重新核发机动车号牌、机动车行驶证和检验合格标志。

（2）过户登记需要的材料

① 机动车转移登记申请表。

② 现车主的身份证明。

a. 机关、学校、工厂、公司等行政、事业、企业单位和社会团体的身份证明，是组织机构代码证书。上述单位已注销、撤销或者破产，其机动车需要办理变更登记、转移登记、注销登记和补领机动车登记证书、号牌、行驶证的,已注销的企业单位的身份证明,是工商行政管理部门出具的注销证明。已撤销的机关、事业单位的身份证明,是其上级主管机关出具的有关证明。已破产的企业单位的身份证明,是依法成立的财产清算机构出具的有关证明。

b. 外国驻华使馆、领馆和外国驻华办事机构、国际组织驻华代表机构的身份证明,是该使馆、领馆或者该办事机构、代表机构出具的证明。

c. 居民的身份证明,是居民身份证或者居民户口簿;在暂住地居住的内地居民,其身份证明是居民身份证和公安机关核发的居住、暂住证明。

d. 军人(含武警)的身份证明,是居民身份证。

e. 外国人的身份证明,是其入境的身份证明和居留证明。

f. 外国驻华使馆、领馆人员,国际组织驻华代表机构人员的身份证明,是外交部核发的有效身份证件。

③ 机动车登记证书(原件)。

④ 机动车行驶证(原件)。

⑤ 解除海关监管的机动车,应当提交监管海关出具的《中华人民共和国海关监管车辆解除监管证明书》。

⑥ 机动车来历凭证(二手车交易的机动车来历凭证就是二手车销售统一发票)。

⑦ 车辆购置税完税证明。

⑧ 所购买的二手车。

(3) 过户登记的事项

① 现车主的姓名或者单位名称、身份证明名称、身份证明号码、住所地址、邮政编码和联系电话。住所地址是指,单位住所的地址为其组织机构代码证书记载的地址;居民住所的地址为其居民户口簿或者居民身份证或者暂住证记载的地址;军人住所的地址为其团以上单位出具的本人住所地址证明记载的地址。

② 机动车获得方式。机动车获得方式是指,人民法院调解、裁定、判决,仲裁机构仲裁裁决、购买、继承、赠予、中奖、协议抵偿债务、资产重组、资产整体买卖和调拨等。

③ 机动车来历凭证的名称、编号。

④ 转移登记的日期。

⑤ 海关解除监管的机动车,登记海关出具的《中华人民共和国海关监管车辆解除监管证明书》的名称、编号。

⑥ 改变机动车登记编号的,登记机动车登记编号。

(4) 不能办理过户登记的情形

有下列情形之一的,不能办理过户登记。

① 车主提交的证明、凭证无效的。

② 机动车来历凭证有涂改的，或者机动车来历凭证记载的车主与身份证明不符的。

③ 车主提交的证明、凭证与机动车不符的。

④ 机动车未经国家机动车产品主管部门许可生产、销售或者未经国家进口机动车主管部门许可进口的。

⑤ 机动车的有关技术数据与国家机动车产品主管部门公告的数据不符的。

⑥ 机动车达到国家规定的强制报废标准的。

⑦ 机动车属于被盗抢的。

⑧ 机动车与该车的档案记载的内容不一致的。

⑨ 机动车未被海关解除监管的。

⑩ 机动车在抵押期间的。

⑪ 机动车或者机动车档案被人民法院、人民检察院、行政执法部门依法查封、扣押的。

⑫ 机动车涉及未处理完毕的道路交通安全违法行为或者交通事故的。

4. 异地车辆所有权转移登记

二手车交易后，如果新车主和原车主的住所不在同一城市里，不能直接办理机动车登记证书和机动车行驶证的变更，需要到新车主住所所属的车辆管理所管辖区内办理。这就牵涉到二手车转出和转入登记问题了。

（1）转出登记　车辆转出登记是指在现车辆管理所管辖区内已注册登记的车辆，办理车辆档案转出的手续。

一般是由于现车主的住所或工作地址变动等原因需要将车辆转出本地。

① 转出登记程序。现车主提出申请（填写《机动车转移登记申请表》）→车辆管理所受理审核资料→确认车辆→在机动车登记证书上记载转出登记事项→收回机动车号牌和机动车行驶证→核发临时行驶车号牌，密封机动车档案→交机动车所有人。

② 转出登记的规定。根据《机动车登记规定》，二手车交易后且现车主的住所不在原车辆管理所管辖区的，现车主应当于机动车交付之日（以二手车销售发票上登记日期为准）起 30 日内，向原二手车管辖地车辆管理所提出转移登记申请，填写机动车转移登记申请表，有些地方还要求车主签订外迁保证书。图 4-7 是北京市东方二手车交易市场的客户须知及保证格式。

③ 转出登记需要的资料。现车主在规定的时间内，持下列资料，向原二手车管辖地车辆管理所申请转出登记，并交验车辆。

客户须知及保证

本人居住_____省_____购买京_____车辆类型_____一辆。在北京市东方旧机动车交易市场有限公司办理过户事宜。本人特作出以下保证：

1. 在过户前已了解核实清楚此车的所有情况，对车辆状况认可，对交易过程无异议。

2. 在过户前已了解清楚此车可以在本人当地车管部门落籍。

3. 如该车不能办理转籍或不能在本人居住地的车管部门落籍，一切责任后果均由本人自行承担。

买方签字：

转入地：

年　　月　　日

图 4-7　二手车外迁时车主签订的保证书示例

a. 机动车转移登记申请表（有的地区规定需填写机动车定期检验表及机动车档案移动卡）。机动车定期检验表及机动车档案移动卡样例见表 4-1 和表 4-2。

表 4-1　机动车定期检验表样例

号牌号码	鄂 A				
车主				公、私	车主签章
住址			电话		
车辆类型	厂牌型号	车身颜色	驱动	燃料	
			×	油	
发动机号码			车架号码		
与行车执照记录有何变动					
安全联片组初检意见		检验部门、结果	现有效期	监管机关审核意见	
			年　月止		
			检验员		
			登记员		

表 4-2　机动车档案移动卡样例

原车主		原号牌号码	
车类		车型	
发动机号码		车架号码	
车辆报废			年　　月　　日
转籍去向			年　　月　　日
新车主		新号牌号码	
其他			
备注		经办人	
		档案员	

b. 现车主的身份证明。

c. 机动车登记证书（原件）。

d. 机动车来历凭证（二手车销售发票注册登记联原件）。

e. 如果属于解除海关监管的机动车，应当提交监管海关出具的《中华人民共和国海关监管车辆解除监管证明书》。

f. 交回机动车号牌和机动车行驶证。

④ 转出登记事项。车辆管理所办理转出登记时，要在机动车登记证书上记载下列转出登记事项。

a. 现车主的姓名或者单位名称、身份证明名称、身份证明号码、住所地址、邮政编码和联系电话。

b. 机动车获得方式。机动车获得方式是指，人民法院调解、裁定、判决，仲裁机构仲裁裁决，购买、继承、赠予、中奖、协议抵偿债务、资产重组、资产整体买卖和调拨等。

c. 机动车来历凭证的名称、编号。

d. 转移登记的日期。

e. 海关解除监管的机动车，登记海关出具的《中华人民共和国海关监管车辆解除监管证明书》的名称、编号。

f. 改变机动车登记编号的，登记机动车登记编号。

g. 登记转入地车辆管理所的名称。

完成转出登记的办理后，收回机动车号牌和机动车行驶证，核发临时行驶车号牌，密封机动车档案，交给车主到转入地办理转入登记手续。

（2）转入登记

① 机动车转入登记的条件。

a. 现车主的住所属于本地车管所登记规定范围的。

b. 转入机动车符合国家机动车登记规定的。

② 转入登记规定。根据《机动车登记规定》，机动车档案转出原车辆管理所后，机动车所有人必须在90日内携带车辆及档案资料到住所地车辆管理所申请机动车转入登记。

③ 转入登记程序。车主提出申请—交验车辆—车辆管理所受理申请—审核资料—在机动车登记证书上记载转入登记事项—核发机动车号牌、机动车行驶证和检验合格标志。

a. 提出申请。车主向转入地车辆管理所提出转入申请，填写机动车注册登记/转入申请表（表4-3）。

表4-3 机动车注册登记/转入申请表

	申请事项	□注册登记　　　　　□转入		
现机动车所有人	姓名/名称		联系电话	
	住所地址		邮政编码	
	身份证明名称	号码 □□□□□□□□□□	□常住人口	□暂住人口
	居住/暂住证明名称		号码	
机动车	机动车使用性质	□公路客运　□公交客运　□出租客运　□旅游客运　□租赁　□货运 □非营运　□警用　□消防　□救护　□工程抢险　□营转非　□出租营转非		
	机动车获得方式	□购买　□仲裁裁决　□继承　□赠予　□协议抵偿债务　□中奖 □资产重组　□资产整体买卖　□调拨　□境外自带　□法院调解、裁定、判决		
	机动车品牌型号			
	车辆识别代号/车架号			
	发动机号码			
相关资料	来历凭证	□销售/交易发票　□调解书　□裁定书　□判决书 □相关文书　□批准文件　□调拨证明 □仲裁裁决书		
	进口凭证	□货物进口证明 □没收走私汽车、摩托车证明书 □中华人民共和国海关监管车辆进（出）境领（销）牌证通知书	机动车所有人：	
	其他	□国产机动车的整车出厂合格证 □机动车档案　　　　□身份证明 □协助执行通知书　　□公证书		
申请方式	□由现机动车所有人申请 □机动车所有人委托＿＿＿＿＿＿＿＿＿＿代理申请		（个人签字/单位盖章） 　　年　月　日	

续表

代理人	姓名/名称			联系电话	
	住所地址				
	身份证明名称	号码		代理人：	
	经办人	姓名			
		身份证明名称	号码		
		住所地址		（个人签字/单位盖章） 年 月 日	
		签字	年 月 日		

注：1. 填写时使用黑色、蓝色墨水笔，字体工整。

2. 标注有"□"符号的为选择项目，选择后在"□"中画"√"。

3. 机动车所有人的住所地址栏，属于个人的，填写实际居住的地址；属于单位的，填写组织机构代码证书上签注的地址。

4. 机动车栏的"机动车品牌型号""车辆识别代码/车架号""发动机号码"项目，按照车辆的技术说明书、合格证等资料标注的内容与车辆核对后填写。

5. 申请方式栏，属于由机动车所有人委托代理单位或者代理人代为申请的，除在"□"内画"√"外，还应当在下划线处填写代理单位或者代理人的全称。

6. 机动车所有人的签字/盖章栏，属于个人的，由机动车所有人签字；属于单位的，盖单位公章。

7. 代理人栏，属于个人代理的，填写代理人的姓名、住所地址、身份证明名称、号码，在代理人栏内签名，不必填写经办人姓名等项目；属于单位代理的，应填写代理栏的所有内容，代理单位应盖单位公章，经办人应签字。

b. 交验车辆。车主将机动车送到机动车检测站检测，车管所民警确认机动车的唯一性，查验车辆识别代号（车架号码）有无凿改嫌疑。

c. 车辆管理所受理申请。受理转入登记申请，查验并收存机动车档案，向车主出具受理凭证。

d. 审核资料。审批相关手续，符合规定的在计算机登记系统中确认，不符合规定的说明理由开具退办单，将资料退回车主。

e. 办理转入登记手续。审验合格后，进行机动车号牌选号、照相、确定机动车登记编号，并在机动车登记证书上记载转入登记事项。

f. 核发新的机动车号牌和机动车行驶证。
　　④ 转入登记需要的资料。
　　a. 机动车注册登记/转入申请表。
　　b. 车主的身份证明。
　　c. 机动车登记证书。
　　d. 机动车密封档案（原封条无断裂、破损）。
　　e. 申请办理转入登记的机动车的标准照片。
　　f. 海关监管的机动车，还应当提交监管海关出具的《中华人民共和国海关监管车辆进（出）境领（销）牌照通知书》。
　　由于各地区对车辆环保要求执行不同的标准，必须满足标准条件，方允许机动车注册登记，以及接受转入登记的申请。所以，车主在将车辆转入"转入地"前，应向转入地的车辆管理部门征询该车辆是否符合转入条件。
　　⑤ 转入登记事项。车辆管理所办理转入登记时，要在机动车登记证书上记载下列登记事项。
　　a. 车主的姓名或者单位名称、身份证明号码或者单位代码、住所的地址、邮政编码和联系电话。
　　b. 机动车的使用性质。
　　c. 转入登记的日期。
　　属于机动车所有权发生转移的，还应当登记下列事项。
　　a. 机动车获得方式。
　　b. 机动车来历凭证的名称、编号和进口机动车的进口凭证的名称、编号。
　　c. 机动车办理保险的种类、保险的日期和保险公司的名称。
　　d. 机动车销售单位或者交易市场的名称和机动车销售价格。
　　⑥ 不能办理转入登记的情形。有下列情形之一的，不予办理转入登记。
　　a. 机动车所有人擅自改动、更换机动车或者机动车档案的。
　　b. 本节中"不能办理过户登记的情形"的。

二、相关税、证变更业务

　　二手车交易中，买方在变更车辆产权之后还需要进行车辆购置税、保险合同等文件的变更。各地在变更时对文件的要求不同，可以先到规定办理的单位窗口咨询一下。

1. 车辆购置税的变更

　　车辆购置税的征收部门是车辆登记注册地的主管税务机关，办理变更时，需填写车辆变动情况登记表，并携带以下资料办理。

(1)车辆购置税同城过户业务办理

①办理车辆购置税同城过户业务需要提供的资料如下。

a. 新车主的身份证明。

b. 二手车交易发票。

c. 机动车行驶证。

d. 车辆购置税完税证明(正本)。

上述资料均需提供原件及复印件。

②办理车辆购置税同城过户业务流程。填写车辆变动情况登记表→报送资料→办理过户→换领车辆购置税完税证明。

(2)车辆购置税转籍(转出)业务办理

①办理转籍(转出)业务需要提供的资料如下。

a. 车主身份证明。

b. 车辆交易有效凭证原件(二手车交易发票)。

c. 车辆购置税完税证明(正本)。

d. 公安车管部门出具的车辆转出证明材料。

上述资料均需提供原件及复印件。

②办理转籍(转出)业务流程。填写车辆变动情况登记表→报送资料→领取档案资料袋。

(3)车辆购置税转籍(转入)业务办理

①办理转籍(转入)业务需要提供的资料如下。

a. 车主身份证明。

b. 本地公安车管部门核发的机动车行驶证。

c. 车辆交易有效凭证原件(二手车交易发票)。

d. 车辆购置税完税证明。

e. 档案转移通知书。

f. 转出地车辆购置税办封签的档案袋。

②办理转籍(转入)业务流程。填写车辆变动情况登记表→报送资料→换领车辆购置税完税证明(正本)。

2. 车辆保险合同的变更

(1)办理车辆保险过户的方式　办理车辆保险过户有两种方式。

第一种是对保单要素进行更改,如更换被保险人与车主。

第二种就是申请退保,即把原来那份车险退掉,终止以前的合同。这时保险公司会退还剩余的保费。之后,新车主就可以到任何一家保险公司去重新办理一份车险。

（2）车辆保险合同变更的程序

① 填写一份汽车保险过户申请书，向原投保的保险公司申请办理批改被保险人称谓的手续。申请书上注明保险单号码、车牌号、新旧车主的姓名及过户原因，并签字或盖章，以便保险公司重新核保。

② 携带保险单和已过户的机动车行驶证，到保险公司的业务部门办理。

一般情况下，保险公司都会受理并出具一张变更被保险人的批单，批单上面写明了被保险人的变化情况。

第五章
二手车的收购与销售

第一节 二手车的收购

一、二手车收购定价影响因素

1. 车辆的总体价值

二手车收购要充分考虑车辆的总体价值，它包括车辆实体的产品价值和各项手续的价值。

（1）车辆实体的产品价值 除了用鉴定估价的方法评估车辆实体的产品价值外，还应根据经验结合目前市场行情综合评定。主要评定的项目包括车身外观整齐程度、漆面质量如何等静态检查项目和发动机怠速声音、尾气排放情况等动态检查项目。另外，配置、装饰、改装等项目也很重要，包括有无ABS、助力装置、真皮座椅、电动门窗、中控防盗锁、CD音响等；有效的改装包括动力改装、悬架系统改装、音响改装、座椅及车内装饰改装等。

（2）各项手续的价值 主要包括登记证、原始购车发票或交易过户票、行驶证、购置税本、车船使用费证明、车辆保险合同等。如果收购车辆的证件和税费凭证不全，就会影响收购价格，因为代办手续不但要耗费人工成本，而且可能造成转籍过户中意想不到的麻烦和带来许多难以解决的后续问题。

2. 二手车收购后应支出的费用

二手车收购除了支付车辆产品的货币以外，从收购到售出这段时间内，还要支出的费用有保险费、日常维护费、停车费、收购支出的货币利息和其他管理费等。

3. 市场宏观环境的变化

二手车收购要注意国家宏观政策、国家和地方法规的变化因素以及这些影响导致的车辆经济性贬值。

4. 市场微观环境的变化

这里所说的市场微观环境，主要指新车价格的变动以及新车型的上市对收购价格的影响。例如，一汽马自达轿车降价后，旧车的保值率就降低了，贬值后收购价格自然也会降低。另外，新款车型问世挤压旧车型，"老面孔"们身价自然受影响。

5. 经营的需要

二手车经营者应根据库存车辆的多少提高或降低收购价格。例如，本期库存车辆减少、货源紧张时，应适当提高车辆收购价格，以补充货源保证库存的稳定。反之，库存车辆多时，则应降低收购价格。另外一种情况是，某一车型出现断档情况，该车型的收购价格会提高。如某公司本期二手速腾轿车销售一空，该公司会马上提高速腾车型的收购价格。反之,如果某公司本期二手速腾轿车销路不畅,库存积压显著,那么应降低速腾轿车的收购价格,同时库存速腾轿车的销售价格也会降低。

6. 品牌知名度和维修服务条件

对不同品牌的二手车,由于其品牌知名度和售后服务的质量不同,也会影响到收购价格的制定。像一汽、上汽、东风、广本等,都是国内颇具实力的企业,其产品具有很高的品牌知名度,技术相对成熟,维修服务体系也很健全,二手车收购定价可以适当提高。

二、二手车收购中的风险分析与防范

二手车收购中的风险是指由于二手车收购环境的变化,给二手车的销售带来的各种损失。

1. 总体原则

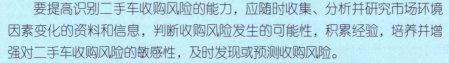

小提示

要提高识别二手车收购风险的能力,应随时收集、分析并研究市场环境因素变化的资料和信息,判断收购风险发生的可能性,积累经验,培养并增强对二手车收购风险的敏感性,及时发现或预测收购风险。

要提高风险的防范能力,尽可能规避风险。可通过预测风险,从而尽早采取防范措施来规避风险。在二手车收购工作中,要尽可能谨慎,最大限度地杜绝二手车收购风险发生的隐患。

在无法避免的情况下,要提高处理二手车收购风险的能力,尽可能最大限度地降低损失,并防止引发其他负面效应和有可能派生出来的消极影响。

2. 影响二手车收购中的风险因素及其相应的防范措施

在二手车收购中的风险防范上,具体可从以下几个方面考虑影响二手车收购中的风险因素及其相应的防范措施。

(1)新车型的影响 新车型大量应用了新技术,技术含量的提高使老车型贬值甚至被淘汰,从国内市场看新车型投放明显加快,技术含量和配置也越来越高。如转向助力、安全气囊、ABS+EBD、电子防盗、CD音响都已成了标准装备。以一汽捷达为例,捷达自在国内生产以来经历了多次改款,虽然该车的生产平台未变,但是早期的捷达与现在的捷达在外观和装备上已不可同日而语。因此,二手车市场在收购旧车时应以最新款车的技术装备和价格来做参照，否则会给二手车收购带来一定的风险。

（2）车市频繁降价的影响　在新车市场频繁降价、优惠促销的环境下，二手车经纪公司面临着很大的风险，如出现损失只能自己承担。所以，在二手车收购中都是以某一款车目前新车市场的开票价格来计算，而不会去考虑消费者买车时的价格。如果某一款车最近有降价的可能，则二手车公司要考虑新车降价的风险，开价往往比正常的收购价还要低一些。如果某一款车刚降完价，那么收购价就会稳定一段时期。为了减少车辆频繁降价的风险，规范市场、稳定价格成为当务之急。另外通过二手车代卖的方式，一方面可从中收取一定的交易费，另一方面可以降低风险。

（3）折旧加快的影响　从实际行情看，使用时间在3年以内的车辆折旧最高，使用3年的车辆往往要折旧到40%~50%，其后的几年进入了一个相对稳定的低折旧期，接近10年时折旧又开始加快。所以，要收购使用时间3年以内的车的话，收购定价要考虑车辆的大幅折旧因素的影响。

（4）排放标准提高的影响　尾气排放标准提高也加速了在用车辆的折旧和淘汰。越来越严格的排放标准将使老旧车型加速淘汰。因此，在确定二手车收购价格时应考虑车辆排放标准提高的影响。

（5）车况优劣的影响　有的车虽然只开了两三年，但是机件的磨损已很严重了，操作起来感觉不好。而有的车已经开了五六年了，发动机的状况依然良好，各机件操作顺畅。这些不同车辆的技术状况自然影响到二手车的收购价格。

（6）品牌知名度的影响　知名品牌的汽车因其市场保有量大、质量可靠而深受消费者的青睐。这些品牌的汽车在新车市场售价较为稳定，口碑好，所以在二手车市场认同率较高，贬值的程度自然要低于其他品牌。而其他一些知名度不高的品牌市场的认同率低，贬值的程度也就要高，在确定二手车收购价格时，应予以考虑。

（7）库存的影响　若二手车销售顺畅，求大于供，二手车经纪公司的库存急剧减少，商家们为了保持正常的经营运转，维持一定的库存，可适当抬高一些收购价格。反之在二手车销售低迷时，商家们的库存积压，流通不畅，供大于求，商家的主要矛盾是消化库存，这个时期应压低收购价格，规避由于库存积压所带来的风险。

（8）二手车收购合法性的影响　二手车的收购要防止收购偷盗车、伪劣拼装车，要预防收购那些伪造手续凭证，伪造车辆档案的车辆。一旦有所失误，不仅给公司造成直接经济损失，更重要的是造成社会的不良影响，从而损害公司的公众形象。

（9）宏观环境的影响　要密切关注国家有关二手车的政策与法规的变化，做到未雨绸缪。要能够根据已有的和即将颁布的国家有关二手车的政策与法规，预测二手车价格的可能变动趋势，及时调整二手车的收购价格，使收购二手车的风险降到最低。

三、机动车的折旧计算

1. 机动车折旧的一般概念

所谓机动车的折旧，是指机动车随着时间的推移或在使用过程中，由于损耗而转移到产品中去的那部分价值。当这部分价值随着车辆产生收益的回收、积累，就形成机动车的折旧基金。折旧基金是为了补偿机动车的磨损而逐年提取的专用基金，其主要目的是在二手车不能使用或不再使用时，用折旧基金购置新车辆，实现机动车更新。

> **小提示**
>
> 机动车的损耗分为有形损耗和无形损耗。有形损耗是固定资产在使用中的磨损和自然力影响其物理性能而发生的实物磨损。无形损耗是由于技术进步、劳动生产率提高等原因使机动车变得陈旧或不适用而提前报废所发生的价值损失。

2. 机动车的折旧算法

二手车作为固定资产，按现行财务制度规定应计算固定资产折旧。固定资产折旧计算方法很多，《金融保险企业财务制度》规定，银行固定资产折旧的计算一般采用平均年限法和工作量法。对于技术进步较快或使用寿命受工作环境影响较大的固定资产，经财政部批准，可采用双倍余额递减法或年数总和法。车辆的折旧根据车辆的价值、使用年限，采用规定的折旧方法计算，对于允许使用的折旧方法，不同的国家有不同的规定，一般有直线折旧法、快速折旧法等多种方法，我国大多数采用直线折旧法。

（1）直线折旧法 直线折旧法又称使用年限法或平均折旧法，是指用车辆的原值减去残值，再除以车辆使用年限，以求得每年平均折旧额的方法。计算公式为

$$D_t = \frac{1}{N}(K_0 - S_v)$$

式中 D_t——机动车年折旧额；

K_0——机动车原值；

S_v——机动车残值；

N——机动车规定的折旧年限。

（2）快速折旧法　在所有折旧方法中，直线折旧法是应用最广泛的方法。除此以外我国有条件的企业也采用了快速折旧法。快速折旧法常用的算法有两种：年份数求和法以及余额递减折旧法。

① 年份数求和法。年份数求和法是指每年的折旧额可用车辆原值减去残值的差额乘一个逐年变化的递减系数来确定的一种方法。此递减系数的分母为车辆使用年限历年数字的累计之和，即对每年递减系数的分母均相等；分子的大小等于当年时止还余有的使用年数。例如，当 $N=5$ 时，则分母为 $1+2+3+4+5=15$；分子在第 3 年时，还余有使用年限 2 年，则分子为 2，此年的递减系数等于 2/15。一般来说，车辆使用年限为 N 时，递减系数的分母等于 $N(N+1)/2$，分子等于 $N+1-t$。年份数求和的计算公式为

$$D_t = (K_0 - S_v) \frac{N+1-t}{N(N+1)/2}$$

式中　$\dfrac{N+1-t}{N(N+1)/2}$——递减系数（或年折旧率）；

　　　t——机动车在使用期限内某一确定年份。

② 余额递减折旧法。余额递减折旧法是指任何年的折旧额用现有车辆原值乘以在车辆整个寿命期内恒定的折旧率，接着用车辆原值减去该年折旧额作新的原值，下一年重复这一做法，直到折旧总额分摊完毕。在余额递减中所使用的折旧率，通常大于直线折旧率，当使用的折旧率为直线折旧率的 2 倍时，称为双倍余额递减法，具体计算公式为

$$D_t = K_0 \alpha (1-\alpha)^{t-1}$$

式中　K_0——机动车原值；

　　　α——折旧率，直线法的折旧率为 $\alpha = 1/N$；

　　　t——机动车在使用期内某一确定年份。

应用该公式计算时，在使用期终止时仍有余额，为了使折旧总额到使用期终分摊完毕，到一定年度后，要改用直线折旧法。通常，在连续计算各年折旧额时，如果发现使用双倍余额递减法计算的折旧额小于采用直线折旧法计算的折旧额时，就应改用直线折旧法计算折旧。

案例：某机动车的原值为 10 万元，规定使用年限为 10 年，残值忽略不计，试用上述两种快速折旧法分别计算其折旧额。

解：计算过程见表 5-1 和表 5-2。

表 5-1　用年份数求和法计算折旧

年数	基数／元	递减系数	年折旧额／元	累计折旧额／元
1	100000	10/55	18181	18181
2		9/55	16363	34544
3		8/55	14545	49089
4		7/55	12727	61816
5		6/55	10909	72725
6		5/55	9090	81815
7		4/55	7272	89087
8		3/55	5454	94541
9		2/55	3636	98177
10		1/55	1818	99995

表 5-2　用双倍余额递减法计算折旧

年数	基数／元	折旧率／%	年折旧额／元	累计折旧额／元
1	100000	20	20000	20000
2	80000	20	16000	36000
3	64000	20	12800	48800
4	51200	20	10240	59040
5	40960	20	8192	67232
6	32768	20	6553.6	73785.6
7	26214.4	20	6553.6	80339.2
8	26214.4	20	6553.6	86892.8
9	26214.4	20	6553.6	93446.4
10	26214.4	20	6553.6	100000

注：为使累计折旧额在第 10 年终止时分摊完毕，从第 7 年起使用了直线折旧法。

3. 机动车折旧与估价的异同

（1）实体性贬值与折旧额的区别　实体性贬值不同于折旧额，不能用账面上累计折旧额代替实体性贬值。折旧是由损耗决定的，但折旧并不就是损耗。折旧是高度政策化了的损耗。在车辆使用过程中，价值的运动依次经过价值损耗、价值转移和价值补偿，折旧作为转移价值，是在损耗的基础上确定的。

（2）使用年限与折旧年限的区别　规定使用年限不同于规定折旧年限。折旧年限是对某一类资产做出的会计处理的统一标准，是一种高度集中的理论系数和常数，对于该类资产中的每一项资产虽然具有普遍性、同一性和法定性，但不具有实际磨损意义上的个别性或特殊性。实际上，它的特征表现在以下几个方面。

> **小提示**
>
> 折旧年限是一个平均年限，对于同一类型中的任何一项资产均适用。
> 它是在考虑损耗的同时，又考虑社会技术经济政策和生产力发展水平，有时甚至以之为经济杠杆，体现对某类资产的鼓励或限制生产政策。
> 它是以同类资产中各项资产运转条件均相同的假定条件为前提的。这种情况下，同类型的资产，无论其所在地如何，维护情况、运行状况如何，均适用同一折旧年限。因此在评估工作中，鉴定估价人员不能直接按照会计学中的折旧年限来取代使用年限。

（3）评估中成新率的确定与折旧年限确定的基础损耗本身具有差异性　确定折旧年限的损耗包括有形损耗（实体性损耗）和无形损耗；而评估中确定成新率的损耗，包括实体性损耗、功能性损耗和经济性损耗。其中，功能性损耗只是无形损耗的一种形式，而不是无形损耗的全部。

四、二手车收购定价方法与收购价格的计算

1. 二手车收购定价的方法

二手车收购价格的确定是根据其特定的目的，在二手车鉴定估价的基础上，充分考虑市场的供求关系，对评估的价格做快速变现的特殊处理。按不同的原则，一般有以下几种定价方法。

（1）以现行市价法、重置成本法的思想方法确定收购价格　由现行市价法、重置成本法对二手车进行鉴定估算产生的客观价格，再根据快速变现原则，估定一个折扣率并以此确定二手车收购价格。如运用重置成本法估算某机动车辆价值为10万元，据市场销售情况调查，估定折扣率为20%时可出售，则该车辆收购价格为8万元。

（2）以清算价格的思想方法确定收购价格　清算价格的特点是企业（或个人）

由于破产或其他原因，要求在一定的期限内将车辆变现，在企业清算之日预期出卖车辆可收回的快速变现价格，具体来说主要根据二手车技术状况，运用现行市价法估算其正常价值，再根据处置情况和变现要求，乘以一个折扣率，最后确定评估价格。

> **小提示**
>
> 以清算价格的思想方法确定收购价格时，由于顾客要求快速转卖变现，因此其收购估价大大低于二手车市场成交的同类型车辆的公平市价，一般来说也低于车辆现时状态客观存在的价格。

（3）以快速折旧的思想方法确定收购价格　根据机动车辆的价值，计算折旧额来确定收购价格。年折旧额的计算方法有两种：年份数求和法和双倍余额递减折旧法。

2. 二手车收购价格的计算

二手车收购价格的确定是指在被收购车辆手续齐全的前提下对车辆实体价格的确定。如果所缺失的手续能以货币支出补办，则收购价格应扣除补办手续的货币支出、时间和精力的成本支出，具体采用以下几种方法。

① 运用重置成本法对二手车进行鉴定估价，然后根据快速变现的原则，估定一个折扣率，将被收购车辆的估算价格乘以折扣率，即得二手车的收购价格，用数学公式表示为

$$收购价格 = 评估价格 \times 折扣率$$

② 运用现行市价法对二手车确定评估价格，再根据上述办法计算收购价格，表达式同上式。

折扣率是指车辆能够当即出售的清算价格与现行市场价格的比值。它的确定是经营者在对市场销售情况充分调查和了解的基础上凭经验而估算的。如某机动车辆运用重置成本法估算价值为 3 万元，根据市场销售情况调查，估定折扣率为 20% 时可当即出售，则该车辆收购价格为 2.4 万元。

③ 运用快速折旧法对二手车进行鉴定估价，首先计算出二手车已使用年数累计折旧额，然后，将重置成本全价减去累计折旧额，再减去车辆需要维修换件的总费用，即得二手车收购价格，用数学式表达为

$$收购价格 = 重置成本全价 - 累计折旧额 - 维修费用$$

重置成本全价一律采用国内现行市场价格作为被收购车辆的重置成本全价。

累计折旧额的计算方法是先用年份数求和法或余额递减折旧法计算出年折旧额后，再将已使用年限内各年的折旧额汇总累加，即得累计折旧额。

维修费用是指车辆现时状态下，某功能完全丧失，需要维修和换件的费用总支出。

小提示

在快速折旧计算时，一般 K_0 值取机动车的重置成本全价，而不取机动车原值。

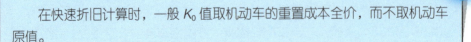

第二节　二手车的销售

二手车的销售价格是决定二手车流通企业收入和利润的唯一因素。因此，企业必须根据成本、需求、竞争及国家方针、政策、法规并运用一定的定价方法和技巧来对其产品制定切实可行的价格政策。

一、二手车销售定价影响因素

 成本因素

产品成本是定价的基础和最低界限，二手车的销售价格如果不能保证成本，企业的经营活动就难以维持。二手车流通企业销售定价应分析价格、需求量、成本、销量、利润之间的关系，正确地估算成本，以作为定价的依据。二手车销售定价时应考虑收购车辆的总成本费用，总成本费用由固定成本费用和变动成本费用之和构成。

① 固定成本费用。固定成本费用是指在既定的经营目标内，不随收购车辆的变化而变动的成本费用。如分摊在这一经营项目的固定资产的折旧、管理费等项支出。

② 固定成本费用摊销率。固定成本费用摊销率是指单位收购价值所包含的固定成本费用，即固定成本费用与收购车辆总价值之比。如某企业根据经营目标，预计某年度收购100万元的车辆价值，分摊固定成本费用1万元，则单位固定成本费用摊销率为1%。如花费4万元收购一辆旧桑塔纳轿车，则应该将400元计入固定成本费用。

③ 变动成本费用。变动成本费用指收购车辆随收购价格和其他费用的变化而相

应变动的费用。主要包括车辆实体的价格、运输费、公路养路费、保险费、日常维护费、维修翻新费、资金占用的利息等。

由上面成本分析可知，一辆二手车收购的总成本费用是这辆车应分摊的固定成本费用与变动成本费用之和，用数学式表达为

一辆二手车的总成本费用＝收购价格×固定成本费用摊销率
　　　　　　　　　　＋变动成本费用

2. 供求关系

在市场经济中，产品的价格由买卖双方的相互作用来决定，以市场供求为前提，所以决定价格的基本因素有两个，即供给与需求。若供大于求，则价格会下降；若供小于求，则价格会上升，这就是市场供求规律。供求关系必然会成为影响价格形成的重要因素，它是制定产品价格的一个重要前提。需求大于供给，价格就会上升；需求小于供给，价格就会下降，市场的一切交易活动和价格的变动都受这一定律的支配。这就是供求规律或称供求法则。它是市场变化的基本规律。供求关系表明价格只能围绕价值上下波动，而价值仍然是确定价格水平及其变动的决定性因素，企业在定价决策时，除以产品价值为基础外，还可以自觉运用供求关系来分析和制订产品的价格。

在价格受供求影响而有规律性的变动过程中，不同商品的变动幅度是不一样的。因此在销售定价时还要考虑需求价格弹性。所谓需求价格弹性，是指因价格变动而引起的需求相应的变动率，它反映了需求变动对价格变动的敏感程度。按照西方经济学理论，当某种产品需求弹性较小时，提高价格可以增加企业利润；反之，当产品需求富有弹性时，降低价格也可以增加企业利润，同时还能起到打击竞争对手，提高自己产品市场占有率的作用。

对于二手车来说，其需求弹性较强，即二手车价格的上升或下降会引起需求量较大幅度的减少或增加。因此，我们在二手车的销售定价时，应该把价格定得低一些，应该通过薄利多销达到增加赢利、服务顾客的目的。

3. 竞争状况

在产品供不应求时，企业可以自由地选择定价方式。而在供大于求时，竞争必然随之加剧，定价方式的选择只能被动地根据市场竞争的需要来进行。为了稳定维持自己的市场份额，二手车的销售定价要考虑本地区同行业竞争对手的价格状况，根据自己的市场地位和定价的目标，选择与竞争对手相同的价格，甚至低于竞争对手的价格进行定价。

4. 国家政策法令

任何国家对物价都有适度的管理，所不同的是，各个国家和地区对价格的控制

程度、范围、方式等存在着一定的差异，完全放开和完全控制的情况是没有的。一般而言，国家可以通过物价部门直接对企业定价进行干预，也可以用一些财政、税收手段对企业定价实行间接影响。

二、二手车销售定价的目标分析

二手车销售定价的目标是指二手车流通企业通过制定价格水平，凭借价格产生的效用来达到预期的目的和要求。企业在定价以前，必须根据企业的内部和外部环境，制定出既不违背国家的方针政策，又能协调企业的其他经营目标的价格。企业定价目标类型较多，二手车流通企业要根据自己树立的市场观念和市场微观、宏观环境，确立自己的销售定价目标。

> **小提示**
>
> 企业定价目标主要有两大类，即获取利润目标和占领市场目标。

1. 获取利润目标

利润是考核和分析二手车流通企业营销工作好坏的一项综合性指标，是二手车流通企业最主要的资金来源。以利润为定价目标有三种具体形式：预期收益、最大利润和合理利润。

（1）获取预期收益目标　预期收益目标是指二手车流通企业以预期利润（包括预交税金）为定价基点，并以利润加上商品的完全成本构成价格出售商品，从而获取预期收益的一种定价目标。预期收益目标有长期和短期之分，大多数企业都采用长期目标。预期收益高低的确定，应当考虑商品的质量与功能、同期的银行利率、消费者对价格的反应以及企业在同类企业中的地位和在市场竞争中的实力等因素。预期收益定得过高，企业就会处于市场竞争的不利地位；定得过低，又会影响企业投资的回收。一般情况下，预期收益适中，可能获得长期稳定的收益。

（2）获取最大利润目标　最大利润目标是指二手车流通企业在一定时期内综合考虑各种因素后，以总收入减去总成本的最大差额为基点，确定单位商品的价格，以取得最大利润的一种定价目标。最大利润是企业在一定时期内可能并准备实现的最大利润总额，而不是单位商品的最高价格，最高价格不一定能获取最大利润。当企业的产品在市场上处于绝对有利地位时，往往采取这种定价目标，它能够使企业在短期内获得高额利润。

> **小提示**
>
> 最大利润一般应以长期的总利润为目标,在个别时期,甚至允许以低于成本的价格出售,以便招徕顾客。

(3)获取合理利润目标　合理利润目标是指二手车流通企业在补偿正常情况下的社会平均成本基础上,适当地加上一定量的利润作为商品价格,以获取正常情况下合理利润的一种定价目标。企业在自身力量不足,不能实行最大利润目标或预期收益目标时,往往采取这一定价目标。这种定价目标以稳定市场价格、避免不必要的竞争、获取长期利润为前提,因而商品价格适中,顾客乐于接受,政府积极鼓励。

2. 占领市场目标

以市场占有率为定价目标是一种志存高远的选择方式。市场占有率是指一定时期内某二手车流通企业的销售量占当地细分市场销售总量的份额。市场占有率高意味着企业的竞争能力较强,说明企业对消费信息把握得较准确、充分,资料表明,企业利润与市场占有率正相关。提高市场占有率是增加企业利润的有效途径。

由于企业所处的市场营销环境不同,自身条件与营销目标不同,企业定价目标也大相径庭。因此,二手车流通企业应在综合考虑市场环境、自身实力及经营目标的基础上,将获取利润目标和占领市场目标结合起来,兼顾企业的眼前利益与长远利益,来确定适当的定价目标。

三、二手车销售定价的方法分析

定价方法是二手车流通企业为了在目标市场实现定价目标,给产品制定基本价格和浮动范围的技术思路。由于成本、需求和竞争是影响企业定价的最基本因素,产品成本决定了价格的最低限,产品本身的特点,决定了需求状况,从而确定了价格的最高限,竞争者产品与价格又为定价提供了参考的基点,也因此形成了以成本、需求、竞争为导向的三大基本定价思路。

1. 成本导向定价法

(1)成本加成定价法　成本加成定价法也称为加额定价法、标高定价法或成本基数法,是一种比较普遍应用的定价方法。它首先确定单位产品总成本(包括单位变动成本和平均分摊的固定成本),然后在单位产品总成本基础上加上一定比例的利润,从而形成产品的单位销售价格。该方法的计算公式为

$$单位产品价格 = 单位产品总成本 \times (1 + 成本加成率)$$

> **小提示**
>
> 　　成本加成定价法的关键是成本加成率的确定。一般地说,加成率应与单位产品成本成反比,与资金周转率成反比,与需求价格弹性成反比,需求价格弹性不变时加成率也应保持相对稳定。

　　(2)目标收益定价法　目标收益定价法又称投资收益率定价法,是根据企业的投资总额、预期销量和投资回收期等因素来确定价格。在产品供不应求的条件下,或产品需求的价格弹性很小的细分市场中,目标收益法具有一定的应用价值。

　　(3)边际成本定价法　边际成本是指每增加或减少单位产品所引起的总成本的增加或减少。采用边际成本定价法时是以单位产品的边际成本作为定价依据和可接受价格的最低界限。在价格高于边际成本的情况下,企业出售产品的收入除完全补偿变动成本外,尚可用来补偿一部分固定成本,甚至可能提供利润。在竞争激烈的市场条件下具有极大的定价灵活性,对于有效地应对竞争、开拓新市场、调节需求的季节差异、形成最优产品组合可以发挥巨大的作用。

2. 需求导向定价法

　　需求导向定价法是以消费者的认知价值、需求强度及对价格的承受能力为依据,以市场占有率、品牌形象和最终利润为目标,真正按照有效需求来策划价格。需求导向定价法又称顾客导向定价法,是二手车流通企业根据市场需求状况和消费者的不同反应分别确定产品价格的一种定价方式。

> **小提示**
>
> 　　平均成本相同的同一产品价格随需求变化而变化,一般是以该产品的历史价格为基础,根据市场需求变化情况,在一定的幅度内变动价格,以致同一商品可以按两种或两种以上价格销售。这种差价可以因顾客的购买能力、对产品的需求情况、产品的型号和式样以及时间、地点等因素而采用不同的形式。

3. 竞争导向定价法

　　竞争导向定价法是以企业所处的行业地位和竞争定位而制定价格的一种方法,是二手车流通企业根据市场竞争状况确定商品价格的一种定价方式。

> **小提示**
>
> 价格与成本和需求不发生直接关系。该方法主要以竞争对手的价格为基础，并与竞争品价格保持一定的比例。即竞争品价格未变，即使产品成本或市场需求变动了，也应维持原价；竞争品价格变动，即使产品成本和市场需求未变，也要相应调整价格。

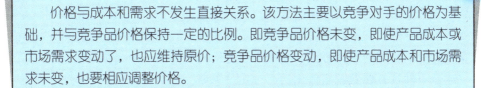

上述定价方法中，企业要考虑产品成本、市场需求和竞争形势，研究价格怎样适应这些因素，但在实际定价中，企业往往只能侧重于考虑某一类因素，选择某种定价方法，并通过一定的定价政策对计算结果进行修订。而成本加成定价法深受企业界欢迎，主要是由于如下三个优势。

定价工作简化。由于成本的不确定性一般比需求的不确定性小得多，定价着眼于成本可以使定价工作大大简化，不必随时依需求情况的变化而频繁地调整，因而大大地简化了企业的定价工作。

可降低价格竞争程度。只要同行业企业都采用这种定价方法，那么在成本与加成率相似的情况下价格也大致相同，这样就可以使价格竞争降至最低限度。

对买卖双方都较为公平。卖方不利用买方需求量增大的优势趁机哄抬物价，因而有利于买方。固定的加成率也可以使卖方获得相当稳定的投资收益。因此，我们推荐用成本加成法来对二手车销售进行定价。

四、二手车销售定价的策略分析

在二手车的市场营销中，尽管非价格竞争作用在增长，但价格仍然是影响销售的重要因素，是营销组合中的关键因素。定价是否恰当，不仅直接关系到二手车的销量和企业的利润，而且还关系到企业其他营销策略的制定。营销中定价策略的意义在于有利于挖掘新的市场机会，实现企业的整体目标。在市场经济条件下，价格决策已成为企业经营者面临的具有现实意义的重大决策课题。

二手车销售定价策略是指二手车流通企业根据市场中不同变化因素对二手车价格的影响程度采用不同的定价方法，制定出适合市场变化的二手车销售价格，进而实现定价目标的企业营销战术。

1. 阶段定价策略

阶段定价策略就是根据产品寿命周期各阶段不同的市场特征而采用不同的定价目标和对策。投入期以打开市场为主，成长期以获取目标利润为主，成熟期以保持市场份额、利润总量最大为主，衰退期以回笼资金为主。另外还要兼顾不同时期的市场行情，相应修改销售价格。

2. 心理定价策略

不同的消费者有不同的消费心理，有的注重经济实惠、物美价廉，有的注重名牌产品，有的注重产品的文化情感含量，有的追赶消费潮流。心理定价策略就是在补偿成本的基础上，按不同的需求心理确定价格水平和变价幅度。如尾数定价策略就是企业针对消费者的求廉心理，在二手车定价时有意定一个与整数有一定差额的价格。这是一种具有强烈刺激作用的心理定价策略。价格尾数的微小差别，能够明显影响消费者的购买行为，会给消费者一种经过精确计算的、最低价格的感觉，如某品牌的二手车标价69998元，给人以便宜的感觉，认为只要不到7万元就能买一台质地不错的品牌二手车。

3. 折扣定价策略

二手车流通企业在市场营销活动中，一般按照确定的目录价格或标价出售商品。但随着企业内外部环境的变化，为了促进销售者、顾客更多地销售和购买本企业的产品，往往根据交易数量、付款方式等条件的不同，在价格上给销售者和顾客一定的减让，这种生产者给销售者或消费者的一定程度的价格减让就是折扣。灵活运用价格折扣策略，可以鼓励需求、刺激购买，有利于企业搞活经营，提高经济效益。

五、二手车销售最终价格的确定

二手车流通企业通过以上程序制定的价格只是基本价格，只确定了价格的范围和变化的途径。为了实现定价目标，二手车流通企业还需要考虑国家的价格政策、用户的要求、产品的性价比、品牌价值及服务水平，应用各种灵活的定价战术对基本价格进行调整，同时将价格策略和其他营销策略结合起来，如针对不同消费心理的心理定价和让利促销的各种折扣定价等，以确定具体的最终价格。

第三节　二手车置换

随着我国汽车产业的快速发展，汽车保有量越来越多，同时人们对汽车的需求也越来越多样化，二手车置换作为汽车交易的一种方式逐渐显示出满足人们需要的优越性和调节汽车流通的重要作用。

一、二手车置换的定义

从国内正在操作的二手车置换业务来看，对二手车置换的定义有狭义和广义的区别。从狭义上来说，二手车置换就是以旧换新业务。经销商通过二手商品的收购与新商品的对等销售获取利益。目前，狭义的置换业务在世界各国都已成为流行的销售方式。而广义的二手车置换概念则是指在以旧换新业务基础上，还同时兼容二手商品整新、跟踪服务及二手商品在销售乃至折抵分期付款等项目的一系列业务组合，从而使之成为一种有机而独立的营销方式。二手车作为替代产品，已经对新车销售构成威胁。国内各地的二手车市场虽然起步较晚，但目前的交易规模已经相当可观，狭义置换业务也得到了长足的发展；广义的置换业务在国内尚处于萌芽状态，亟待各方面的关心和扶持。

二、国内主要二手车置换运作模式

1. 我国二手车置换模式

从国内的交易情况来看，目前在我国进行二手车置换有三种模式。

① 用本厂旧车置换新车（即以旧换新）。如厂家为一汽大众，车主可将旧捷达车折价卖给一汽大众的零售店，再买一辆新宝来。

② 用本品牌旧车置换新车。如品牌为大众，假设拥有一辆旧捷达的车主看上了帕萨特，那么他可以在任何一家大众的零售店里置换到一辆他喜欢的帕萨特。

③ 只要购买本厂或本厂家的新车，置换的旧车不限品牌。国外基本上采用的是这种二手车置换方式。上海通用汽车"诚新二手车"开展的就是这种二手车置换模式，消费者可以用各种品牌的二手车置换别克品牌的新车。

如果考虑买车人的选择余地和便利程度，当然是第三种方式最佳。不过，这种方式对厂商和经销商而言非常具有挑战性。这是因为，我国的车主一般既不从一而终地在指定维修点维护修理，也不保留车辆的维修档案，车况极不透明；再者，不同品牌、不同型号的车在技术和零部件上千差万别；而且，对于个别已经停产车型更换零部件将越来越麻烦。

此外，我国也出现了委托寄卖等置换新模式。我国的委托寄卖：一是自行定价型，即由消费者自行定价，委托商家代卖，等到成交后再支付佣金；二是二次付款型，它是由商家先行支付部分费用，等到成交后再付余款，佣金以利润比例来定；三是周期寄卖型，其方式是由商家向车主承诺交易周期，车价由双方共同确定，而佣金则以成交时间和成交金额双重标准来定。

车辆更新对于车主来说，是一个烦琐的过程，首先要到二手车市场把车卖掉，这其中要经历了解市场行情、咨询二手车价格、与二手车经纪公司讨价还价直至成交、办理各种手续和等待回款，至少要好几天，等拿到钱后再到新车市场买新车，又是一番周折。对于车主来说更新一部车比买新车麻烦得多。在生活节奏日益加快的今天，人们期盼能有一种便捷的以旧换新业务，使他们在自由选择新车的同时，能很方便地处理要更新的旧车。因此，具有二手车置换资质的经销商作为中介的重要作用就显现出来了。

2. 二手车置换授权经销商

二手车置换授权经销商是我国二手车置换运作的中介主体。二手车置换授权经销商的车辆置换服务将消费者淘汰旧车和购买新车的过程结合在一起,一次完成甚至一站完成,为用户解决了先要卖掉旧车再去购买新车的麻烦。我国二手车置换授权经销商的二手车置换服务一般具有以下特点。

① 打破车型限制。与以往的一些开展二手车置换的厂家或品牌专卖店不同,二手车置换授权经销商对所要置换的旧车以及选择购买的新车,都没有品牌及车型的限制,可以任意置换。二手车置换授权经销商采用汽车连锁超市的模式经营新车的销售,连锁超市中经营的汽车品牌众多,可以满足消费者的不同需求,也可根据顾客的要求,到指定的经销商处,为顾客购进指定的车辆,真正做到了无品牌限制的置换。

② 让利置换,旧车增值。二手车置换授权经销商将车辆置换作为顾客购买新车的一项增值服务,与顾客将旧车出售给二手车经纪公司不同,二手车置换授权经销商通常是以二手车交易市场二手车收购的最高价格甚至更高的价格来确定二手车价格,经双方认可后,置换二手车的钱款直接冲抵新车的价格。

二手车置换授权经销商有自己的二手车经纪公司,同时与二手车交易市场中的众多经纪公司保持联系,保证市场信息渠道的畅通,以及所置换的旧车能够有快速的通路。车况较好的旧车,二手车置换授权经销商经过整修后,补充到租赁车队中投放低端租车市场,用租赁收入弥补旧车的增值部分后,再送到二手车市场销售;或者发挥二手车置换授权经销商租车网络优势,在中小城市租赁运营。

③ "全程一对一"的置换服务。二手车置换授权经销商汽车连锁销售提供的车辆置换服务,是一种"全程一对一"的服务模式。由于二手车置换授权经销商的业务涉及汽车租赁、销售、汽车金融以及二手车经纪,因此顾客在二手车置换授权经销商处选择置换的购车方式后,从旧车定价、过户手续,到新车的贷款、购买、保险、牌照等过程都由二手车置换授权经销商公司内部的专业部门完成,保证了效率和服务水准。

④ 完善的售后服务。在二手车置换授权经销商通过置换购买的新车,二手车置换授权经销商将提供包括保险、救援、替换车、异地租车等服务在内的完善的售后服务。对于符合条件的顾客,二手车置换授权经销商还提供更加个性化的车辆保值回购计划,使顾客可以无须考虑再次更新时的车辆残值,安心使用车辆。

三、二手车置换质量认证

二手车置换中一个最重要、最容易引起争议的问题就是置换旧车的质量问题。和新车交易相比,二手车市场存在很多不透明的地方,二手车评估本身就比较复杂,加上二手机动车交易又是"一旦售出，后果自理"，所以在购买二手车的时候，大部分的消费者并不信任卖家。为了保障交易双方权益、减少纠纷，我国的汽车厂商开始了对汽车进行质量认证的业务。汽车厂家利用自己的技术、设备、人员以及信誉优势，对回购的二手车进行检测、修复，给当前庞大的二手车消费群体提供"放心车""明白车"，即使价格高于其他市场上的二手车，消费者也认为值得。同时汽车厂家介入二手车市场也为规范二手车市场、降低交通安全隐患带来积极影响。

1. 认证的基本概念

经汽车厂商授权的汽车经销商将收上来的该品牌二手车进行一系列检测、维修之后，使该车成为经品牌认证的车辆，销售出去之后可以给予一定的质量担保和品质保证，这一过程通称为认证。

二手车认证方案的开展是市场对二手车刮目相看的首要原因，现在已经得到广泛的支持，很多汽车生产厂家还针对二手车推出一些令人鼓舞的消费措施。目前，认证方案项目一般包括合格的质量要求、严格的检测标准、质量改进保证、过户保证以及比照新车销售推出的送货方案，一些大公司开展的认证还包括提供与新车一样利率的购车贷款。通过认证，顾客和经销商双方都从中得到了实惠。首先顾客自己购买二手车的心态更加趋于平和，相应地，经销商也实现了认证车辆的溢价销售。而且，顾客再不会有车刚到手就发生故障的经历，经销商也不必再面对恼怒顾客的争吵。

2. 我国的二手车认证

我国的二手车认证主要是在一些合资企业中开展的，这其中以上汽通用公司和一汽大众公司为代表，我国一般的二手车认证流程如图5-1所示。

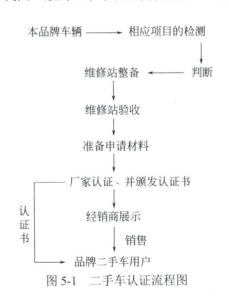

图5-1 二手车认证流程图

① 上汽通用公司的二手车认证。上海通用汽车认证的二手车要经过多道程序的严格筛选。首先，认证的二手车有自己统一的品牌，是和诚信谐音的"诚新"，能通过认证并打上这个牌子的二手车要达到以下条件：首先是无法律纠纷，非事故车，无泡水经历；其次使用不超过5年，行驶里程在10万千米以内；原来用途不是用于营运和租赁。

> **小提示**
>
> 上汽通用的二手车认证有106项检验项目，这106项检验要进行2次，进场时进行1次，整修后还要进行1次。106项检验主要包括车身、电气、底盘、制动等六大类，基本囊括了整个汽车的零配件。通过筛选的二手车，经过整修，再进行106项检测，全部合格后才能获得上海通用公司的认证书。经认证过的二手车出售后能获得使用半年或行驶1万千米的质量保证，在质保期间，如果车辆出现质量问题，客户可以在全国联网的品牌专业维修店获得免费修理和零配件更换的服务。

② 一汽大众的二手车认证。

> **小提示**
>
> 一汽大众的二手车认证有141项检测标准，包括发动机（检查压缩比、排放、点火正时等11项），离合器（离合器线束调整、噪声检测等5项），变速器（变速器各挡位操控性、变速器油油位等8项），悬架（减震器泄漏等5项），传动系统（差速器泄漏和噪声等4项），转向系统（转向齿条等7项），制动（制动蹄片磨损情况等8项），制冷系统（管道泄漏等4项），轮胎轮辋（前轮定位等5项），仪表（仪表灯亮度等15项），灯光系统（车内外灯光光线、报警灯等10项），电子电器（蓄电池、各种熔断器等8项），车辆外部（刮水器胶皮磨损等7项），车辆内部（座椅、杯架、后视镜等9项），空调（气流、风向等6项），收音机及CD（播放器、扬声器等3项），内饰外观（各种塑料件、装饰件等3项），车身及漆面（破裂、剐蹭等5项），完备性（备胎、说明书等7项），最终路试（操控性、循迹性等11项）。

四、二手车置换的服务程序

二手车置换包括旧车出售和新车购买两个环节。不同的二手车置换授权经销商对二手车置换流程的规定不完全一样，一汽大众二手车置换流程如图 5-2 所示。

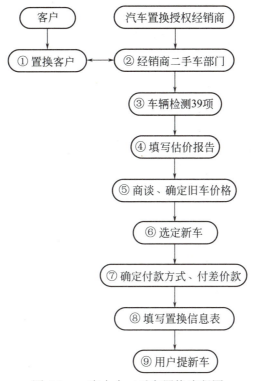

图 5-2　一汽大众二手车置换流程图

国内一般二手车置换程序如下。

① 顾客通过电话或直接到二手车置换授权经销商处进行咨询，也可以登录二手车置换授权经销商的网站进行置换登记。

② 汽车评估定价。

③ 二手车置换授权经销商销售顾问陪同选订新车。

④ 签订旧车购销协议以及置换协议。

⑤ 置换旧车的钱款直接冲抵新车的车款，顾客补足新车差价后，办理提车手续，或由二手车置换授权经销商的销售顾问协助在指定的经销商处提取所订车辆，二手车置换授权经销商提供一条龙服务。

⑥ 顾客如需贷款购新车，则置换旧车的钱款作为新车的首付款，二手车置换授权经销商为顾客办理购车贷款手续，建立提供因汽车消费信贷所产生的资信管理服

务，并建立个人资信数据库。

⑦二手车置换授权经销商办理旧车过户手续，顾客提供必要的协助和材料。

⑧二手车置换授权经销商为顾客提供全程后续服务。

在二手车置换中，新车可选择仍使用原车牌照，或上新牌照。购买新车需交钱款：新车价格－旧车评估价格。如果旧车贷款尚未还清，可由经销商垫付还清贷款，款项计入新车需交钱款。

五、二手车置换注意事项

充分了解二手车价格。在置换前不妨多参考一些评估价格，既不能过低估计自己车辆的价格，也不能过高估计，最好直接将车开到有一定品牌知名度和实力的二手车经纪公司实际评估一下。

掌握新车优惠情况。不但要了解二手车价格，还要了解准备置换的新车价格以及近期优惠促销情况。

注意过户手续要齐全，所签协议的条款内容要仔细看。不管是直接卖车还是置换新车，二手车过户手续都是至关重要的。在正式成交后的过户阶段，车主可要求经销商提供过户后的交易票复印件、登记证书复印件和保险过户的复印件。在买卖交易的时候签定的协议书内容要仔细看，检查是否有遗漏的内容。

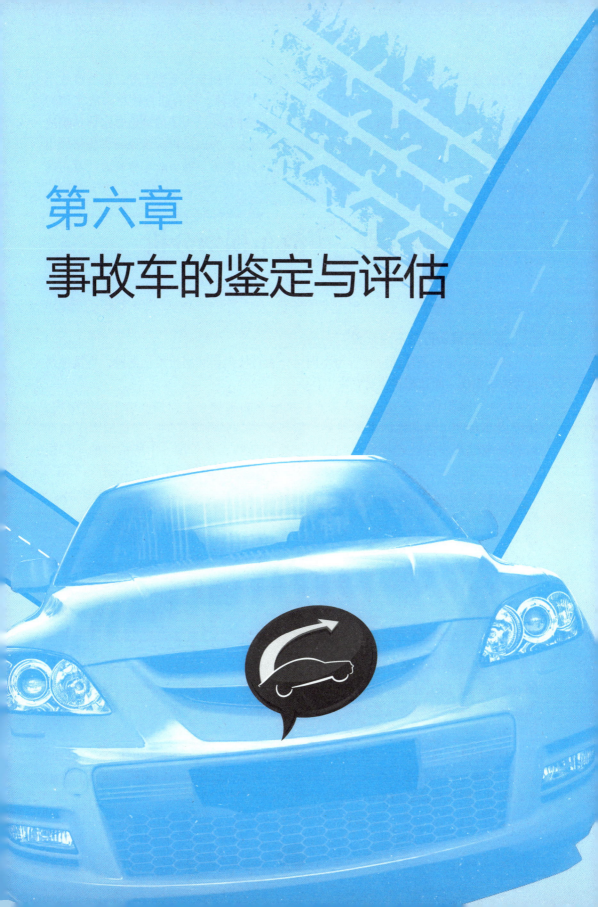

第六章
事故车的鉴定与评估

目前进行交易的二手车，经常有碰撞事故车、水损车、火灾车等，这些事故车一般都经过维修或更换零部件之后，车主会将车卖掉。还有的直接将事故车辆转让。虽然事故车经过了维修，但车辆技术性能有好有坏，为了准确地鉴定评估事故车辆的技术状况，使车辆潜在的故障能被检测出来，为以后再次维修所需价格做出正确估算，使买卖双方都满意，要求鉴定评估师应熟练掌握事故车维修方法及正确估价。

第一节　事故车损伤分析

一、汽车损伤的类型分析

1. 按碰撞损伤行为不同分类

汽车碰撞损伤按碰撞损伤行为不同可分为直接损伤和间接损伤两种，直接损伤也称一次损伤，间接损伤也称二次损伤。

（1）直接损伤　是指汽车碰撞直接接触点的车身一次损伤。由于车辆结构、碰撞力和角度以及其他因素的差异，损伤区域是多种多样的。如造成翼子板变形和开裂以及零件破碎等可见的、不需要测量的损伤，图6-1所示中的车灯损伤等。

> **小提示**
>
> 直接损伤修理，一般是在完成所有间接损伤的修理后，采用对车身填料的方法对直接损伤进行修理。由于钣金件非常薄，故该修理是非常有限的。

（2）间接损伤　是指发生在直接损伤区域之外，并离碰撞点有一段距离的损伤。间接损伤是在碰撞力向后传递过程中形成的，即碰撞力从冲击区域延伸到车身连接区，并且碰撞能量在向毗邻板件移动的过程中被吸收，如图6-1中的车门变形等。

间接损伤程度取决于碰撞力的大小和作用方向以及吸收碰撞能的各个结构件的强度。很多承载式汽车车身被设计成能压溃并能吸收碰撞能量的结构，以便于保护车内乘员。间接损伤也可由动力传动系和后桥的惯性力造成。

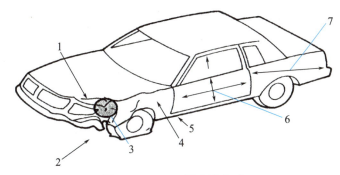

图6-1　一、二次损伤标志

1—漆面裂痕和皱曲迹象；2—碰撞力作用方向角；3—碰撞位置；4—构件吸能变形；
5—开焊；6—车门、车窗校准；7—后部变形

> **小提示**
>
> 　　由于车辆因碰撞突然停止，机械零部件的惯性力全部作用到固定点和支撑构件上，使毗邻金属件可能发生皱曲、撕裂或开焊等现象，因此，在对事故车进行检查时必须注意检查悬架、车桥、发动机和变速器固定点是否损伤。
>
> 　　间接损伤有时不容易发觉，常见的有钣金件皱曲、漆面开裂和伸展、钣金件缝隙错位、接口撕裂、开焊等，要仔细查找相关线索才能发现这些损伤。

2. 按车身损伤结果不同分类

　　汽车损伤按车身损伤结果不同可分为侧弯、凹陷、折皱或压溃、菱形损伤和扭曲等几种。

　　（1）侧弯　是指汽车前部、汽车中部或汽车后部在冲击力的作用下，偏离原来的行驶方向发生的碰撞损伤。如图6-2中1所示为汽车的前部侧弯，冲击力造成汽车的一边伸长，一边缩短的损伤情况。

　　（2）凹陷　是指由于正面碰撞或追尾碰撞引起的零件表面呈现的凹陷形状，可能发生在汽车的一侧或两侧，如图6-2中2所示，是交通事故中常见的碰撞损伤类型。

　　（3）折皱或压溃　折皱就是微小的弯曲，是指汽车发生正面碰撞或追尾碰撞，非承载式汽车车架或承载式车身纵梁上会引起类似损伤，如图6-2中3所示。在决定折皱件修理方法时，定损员必须合理地考虑零件是修理件还是换新件，当损

伤件弯曲超过 90° 时应换新件，当损伤件弯曲小于 90° 时可以修理，但必须满足设计强度。

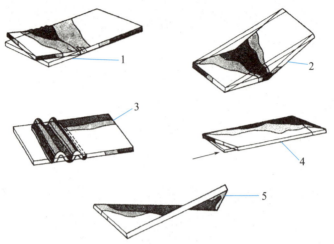

图 6-2　汽车车架和车身的碰撞损伤类型
1—侧弯；2—凹陷；3—折皱或压溃；4—菱形损伤；5—扭曲

（4）菱形损伤　是指一辆汽车的一侧向前或向后发生位移，使车架或车身不再是方形的损伤情况。如图 6-2 中 4 所示，由于汽车碰撞发生在前部或尾部的一角或偏离质心方向所造成发动机罩和车尾后备厢盖发生了位移的损伤。

（5）扭曲　是指汽车的一角比正常时高，而另一角比正常时低的损伤情况，如图 6-2 中 5 所示。非承载式车身发生扭曲，是指车架的一端垂直向上变形，而另一端垂直向下的变形。承载式车身发生扭曲，是指前部和后部车身发生相反的凹陷。扭曲一般有车架扭曲和车身扭曲，它们的修理方法和修理工时不同，车身扭曲的维修相对困难，费用较大。

二、汽车损伤的原因分析

汽车碰撞后的损伤非常复杂，损伤程度与受力大小、方向、障碍物的类型、接触面积等很多因素有关。只有对车辆在发生碰撞时的受力情况进行科学的分析，才能准确地把握车辆的损伤形式、部位，确定出具体损伤程度。这一点不但对车辆损伤的判定具有重要的意义，对今后的修复工作及费用报价同样具有指导性的意义。

1. 以碰撞点形成的损伤

在同一部位汽车碰撞过程中，不同方向的碰撞冲击力造成的损伤不同。例如，在一次汽车碰撞过程中，冲击力以垂直和侧向角度撞击汽车的右前翼子板，冲击合力可以分解成为两个分力：水平分力和侧向分力，如图 6-3 所示。

这两个分力都被汽车零部件所吸收。水平分力使汽车右前翼子板变形方向指向发动机罩中心；侧向分力使汽车的右前翼子板向后变形。这些分力的大小及对汽车造成的损伤与碰撞角度有关。水平分力通过水箱框架传递给左侧翼子板及纵梁，间接造成左侧翼子板、纵梁变形。所以正确的受力分析对做好车损评估减少遗漏至关重要。

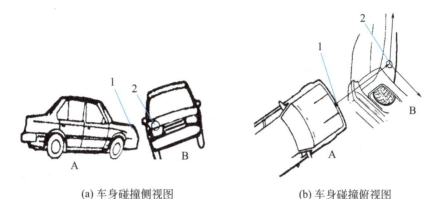

(a) 车身碰撞侧视图　　　　　(b) 车身碰撞俯视图

图 6-3　车身碰撞受力分析
1—A 车碰撞点；2—B 车碰撞点

冲击力造成的损伤程度也同样取决于冲击力与汽车质心相对应的方向。如果冲击力的方向并不是沿着汽车的质心方向，如图 6-4（a）所示，一部分冲击力将形成使汽车绕着质心旋转的力矩，该力矩使汽车旋转，地面与轮胎的摩擦消耗了大量能量，从而减少冲击力对汽车零部件的损伤，损伤程度较轻。

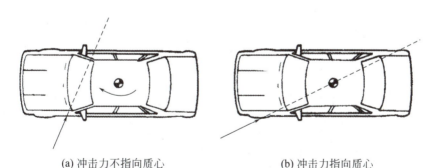

(a) 冲击力不指向质心　　　　　(b) 冲击力指向质心

图 6-4　损伤程度与冲击力方向

如果冲击力指向汽车的质心，如图 6-4（b）所示，汽车不会旋转，大部分能量将被汽车零件所吸收，造成的损伤非常严重。

2. 以碰撞接触面积形成的损伤

汽车以相同的速度碰撞不同类型的障碍物，损伤的程度也就不同。如果撞击到一面墙,如图6-5（a）所示,则撞击的面积较大,损伤程度就较小;如果撞击到电线杆等物体,如图6-5（b）所示,则接触面积小,像保险杠、发动机罩、散热器等都会发生严重变形,使发动机向后移动,甚至扩展到后悬架等,这样碰撞损伤的程度很严重。

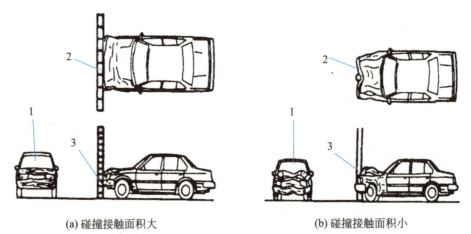

(a) 碰撞接触面积大　　　　　　　　(b) 碰撞接触面积小

图6-5　损伤程度与碰撞接触面积
1—事故车;2—俯视图;3—侧视图

3. 冲击力的传递性损伤

现在汽车车身上有许多焊接缝。这些焊接缝可以作为汽车结构的刚性连接点。这些刚性连接点将冲击力传递给整个汽车上与之连接的钣金件和汽车零部件,这样就降低了汽车的结构变形。

冲击力的传递及结构变形情况分析如图6-6所示,当汽车前角受到一个力F_0作用给B区域时,B区域将会变形而吸收能量,冲击力减到F_1并传递到C点,金属将发生变形,能量继续减小到F_2,传递到D点,并分解成两个方向,其中F_3继续减弱传递给E,F_4继续减小,汽车车顶盖金属轻微变形,在F点几乎不再有冲击力,也不再发生变形。碰撞能量大部分都被变形汽车零部件所吸收。所以,刚性连接点、结构件、钣金件都可以吸收能量。

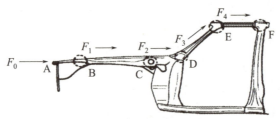

图6-6　碰撞力在承载式车身结构上的分布和传递

4. 冲击力对车身的损伤

> **小提示**
>
> 非承载式车身用橡胶垫支撑固定到车架上,当受到严重的碰撞时可以导致车身与车架的连接螺栓和橡胶支架弯曲或断裂,在车身与车架之间形成一条缝隙。所以,对于非承载式车身的碰撞勘察要注意橡胶连接处。

(1)非承载式车架碰撞损伤类型　非承载式车架碰撞损伤类型有侧弯、下凹、折皱或压溃、菱形损伤、扭曲等。

① 侧弯损伤。由侧面碰撞所引起,造成车架或承载车身发生侧向弯曲变形,如图6-7所示。侧弯通常出现在车辆某一侧的前部或后部,从表面上看,一侧车门拉长而出现裂纹,一侧车门缩短而出现折痕,其结构上导致纵梁的内侧和对面那根纵梁的外侧出现折皱凸痕。

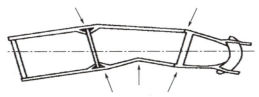

图6-7　侧弯损伤(箭头表示冲击力方向)

② 下凹损伤。是指车架前部或后部由于正面碰撞引起的损伤,即车架或承载车身上某一段比正常位置低。下凹损伤可能发生在某一侧,也可能在两侧同时发生,见图6-8。

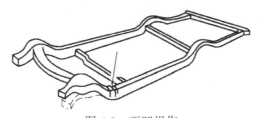

图6-8　下凹损伤

③ 折皱或压溃损伤。是指保险杠受到正面碰撞而造成车架的折皱或压溃现象,如图6-9所示。非承载式车身的车架设计多处可压溃的弯角,用于吸收汽车碰撞过程中大部分能量。

> **小提示**
>
> 事故车检查时要重点检查车架上这些可压溃部分是否损伤。

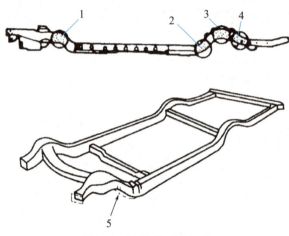

图 6-9　折皱或压溃损伤

1～4—压溃点；5—前后侧纵梁冲击力挤压方向

④ 菱形损伤。是指车架对角方向受到前部或后部碰撞，造成整个车架变成平行四边形的损伤，如图 6-10 所示。

> **小提示**
>
> 当造成菱形损伤时，不但会影响车架纵梁，而且发动机罩、后备厢、乘坐舱或货车地板也可能出现折皱变形，有时还会出现挤压和下凹损伤现象。

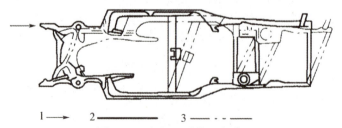

图 6-10　车架严重菱形损伤

1—表示冲击力方向；2—表示车架碰撞前形状；3—表示车架碰撞后形状

⑤ 扭曲损伤。是指车架的一角上翘，而其对角则下折的损伤，重车单侧车轮下沟翻车常会引起车架扭曲损伤，如图 6-11 所示。

图 6-11　扭曲损伤

对于非承载式车架的侧弯、菱形损伤、扭曲等变形维修较为困难，矫正车架前需将车架上的货箱、驾驶室等相连部件拆下，然后进行车架矫正，看似简单的工作，实际较为困难。

（2）承载式车身碰撞损伤类型　由于承载式车身是由金属板件连接而成的，当汽车发生碰撞时，冲击力会以碰撞点为中心向外扩散，如图 6-12 所示。碰撞对承载式车身的损伤最好用圆锥模型来描述，当受到撞击时，车身的折皱将吸收碰撞能量，冲击力不断传递，碰撞能量逐渐被吸收，直到碰撞能量全部被吸收，冲击力才停止传播。

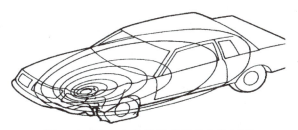

图 6-12　冲击力在承载式车身中的辐射

小提示

锥形的中心线指明了碰撞的方向，锥形的深度和广度表示汽车碰撞方向和冲击力通过车身传递的面积，锥形的顶端是最主要损伤区域。

由于碰撞冲击波在车身结构件上的传播会产生二次损伤，为了控制汽车碰撞时发生间接损伤变形，提供给乘客一个安全乘坐空间，承载式车身汽车在汽车前部和后部都有碰撞防护区域。这些防护区域在规定的碰撞限度下能够起到吸收能量的作用，如图 6-13 所示。当汽车车身受到碰撞时，前部碰撞能量由车身前部和防护区域吸收；尾部碰撞能量由车身尾部和防护区域吸收；侧面冲击由车门槛板、顶部纵梁、

B 柱和车门吸收。

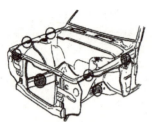
(a) 圆圈表示车身前纵梁及挡泥板吸能区域

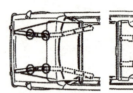
(b) 圆圈表示车身前部纵梁吸能区域

(c) 圆圈表示车身尾部纵梁吸能区域

图 6-13　典型承载式车身汽车前后部碰撞防护区域

第二节　常见事故车的鉴定与评估

一、碰撞损伤

（一）正面碰撞损伤鉴定评估

汽车正面碰撞的事故很多，即使一个小的追尾，保险杠也会向后移动；中度正面碰撞会使保险杠支架、散热器框架、前翼子板、前纵梁弯曲；如果冲击力再大，前翼子板将接触前车门，前纵梁在前悬架横梁处产生折皱损伤，如图 6-14 所示。如果冲击力非常大，车身 A 柱（特别是汽车前门上部铰链安装部分）将会弯曲，这将引起前车门的脱落、前纵梁折皱、前悬架横梁弯曲、仪表盘板和车身底板弯曲并吸收能量，如图 6-15 所示。

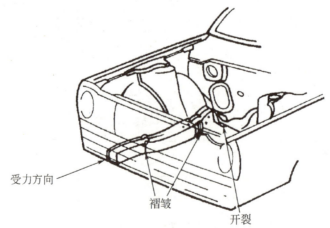

图 6-14　承载式车身汽车折皱和断裂作用

图 6-15 车身前纵梁、A 柱损伤

如果正面碰撞是以一定角度碰撞的，以前横梁的接触点为轴，向侧面和垂直方向弯曲。因为左右纵梁是通过横梁连接的，汽车碰撞的冲击力从碰撞接触点通过前横梁传递到汽车另一侧纵梁上引起变形。检查要注意类似间接损伤的影响。下面就正面碰撞常见的零件损伤及维修方法进行介绍。

1. 前保险杠及吸能装置

保险杠不仅能有效地保护车身，而且还有利于减轻被撞人或物的伤害程度及美化轿车外形的作用，按结构可分为普通型和吸能型两类。

普通型保险杠常以钢板冲压成形，表面施以镀铬或涂漆，通过支撑柱安装在车身框架上。所谓刚性是仅相对于吸能型保险杠而言的，其本身也并非十分坚固。考虑到安全性，将保险杠钢制支架与车身侧梁连接，有的普通保险杠在钢支架外侧装上塑料制成的保险杠面罩，其结构简单、质量轻，广泛用于普通汽车上。

吸能型保险杠自身具有吸收冲击能量的功能，可以有效地降低汽车发生碰撞造成的损失，其安全性能好，且与车身造型相协调，多用于高级轿车上。吸能型保险杠安装位置如图 6-16 所示，吸能装置类型一般分为橡胶吸能器、充气或充液型吸能器、弹簧吸能器、压溃式吸能柱和泡沫垫层吸能器等。

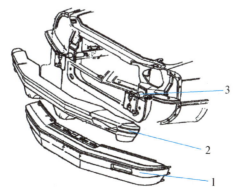

图 6-16 汽车前保险杠和吸能器
1—保险杠罩总成；2—保险杠；3—吸能器和支架总成

（1）橡胶吸能装置　橡胶垫装在吸能器和车架纵梁之间，如图6-17所示。当受到碰撞时，吸能器受力后移，橡胶受力压缩，吸收冲击能量；当碰撞冲击力减小时，橡胶垫恢复到原始位置，保险杠恢复到原始位置。

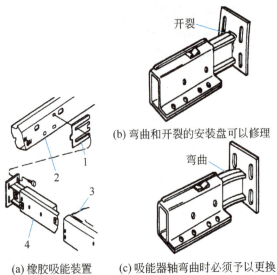

图6-17　福特汽车的橡胶吸能器
1—垫片；2—加强梁；3—车架；4—吸能器

（2）充气或充液型吸能器　充气或充液型吸能器主要由浮动活塞、活塞缸、液压油、计量杆等组成，如图6-18所示。浮动活塞右腔充满惰性气体，浮动活塞左腔是液压油。当受到碰撞冲击时，浮动活塞推动缸筒向右运动，液压油通过一个小孔流进活塞缸中，这样就能通过液体的流动吸收冲击的能量。当冲击力释放时，液压油从活塞缸中流出，使保险杠恢复到原来的位置。

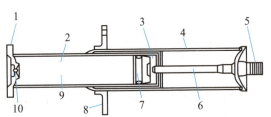

图6-18　通用汽车使用的一种典型吸能器剖面图
1—保险杠托架；2—活塞缸；3—液压油；4—缸筒；5—安装螺杆；6—计量针；
7—浮动活塞；8—车架托架；9—气体；10—密封钢珠

当对吸能器进行损伤检查时，要注意检查是否有开裂、凹陷、弯曲、渗漏等情况，如图6-19所示。充气吸能器损伤后不能矫正或焊接，必须予以更换。

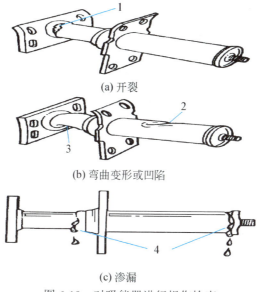

(a) 开裂

(b) 弯曲变形或凹陷

(c) 渗漏

图 6-19 对吸能器进行损伤检查
1—开裂；2—凹陷；3—弯曲；4—渗漏

（3）弹簧吸能器　弹簧吸能器主要由内外缸筒、储液腔和弹簧等组成，其结构如图 6-20 所示。其工作原理是用一个弹簧吸收能量并迫使保险杠恢复到原来的位置。

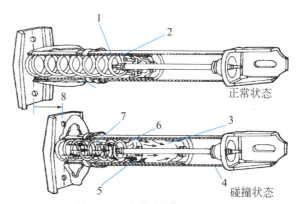

图 6-20　弹簧储能式吸能器
1—回位弹簧；2—碰撞后油液返回储液腔；3—碰撞过程油液聚集区；
4—外缸筒；5—阀门；6—液孔；7—储液腔；8—内缸筒

（4）压溃式吸能器　压溃式吸能器的原理是通过褶纹轴形成压溃区而吸能，如图 6-21 所示。其在现在汽车中广泛采用。

图 6-21　轩逸汽车吸能柱

> **小提示**
>
> 检查时，通过比较两个吸能器的长度，就可确定是否有变形。如果吸能器弯曲、开裂或压碎，都必须更换吸能器。
>
> 检查时，如果吸能器被更换，则意味着该车发生过较大的前部碰撞。

（5）泡沫垫层吸能器　泡沫垫层吸能器是将厚氨基甲酸酯泡沫垫以夹层的形式装在保险杠和塑料护罩之间，其结构如图 6-22 所示。其在一些进口轻型汽车和运动型汽车中常见。

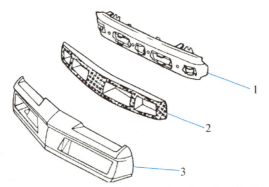

图 6-22　运动型轿车使用氨基甲酸酯泡沫垫吸收碰撞能
1—保险杠；2—吸能器；3—护罩

> **小提示**
>
> 事故车检查时应该检查吸能器的固定轴和固定板是否弯曲，橡胶垫是否撕裂。当固定轴出现弯曲或者橡胶垫脱离安装位置时，吸能器就必须予以更换。

钢制保险杠可用碰撞修复设备矫正和修复，镀铬保险杠损伤时，应予以更换。

铝制保险杠轻微碰撞时可被矫正，中度以上的碰撞多以更换修复为主。轻微剐伤的铝制保险杠常常可以经抛光来恢复铝的光泽。

保险杠饰条破损以更换为主。

保险杠固定脚、表面轻微开裂可用塑料焊机修复；保险杠表面轻微变形，但无褶皱（图6-23）时，可用加热方法恢复变形部位。

图6-23 轻微损伤的保险杠

保险杠常见的可维修损伤类型有凹陷、轻微剐伤、轻微裂纹（长度小于100mm）、穿孔（直径小于30mm）等，如图6-24所示。维修凹陷损伤的一般工艺流程如下。

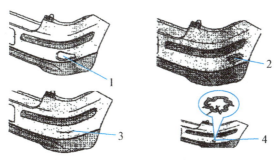

图6-24 轻微保险杠损伤
1—凹陷；2—轻微剐伤；3—轻微裂纹（长度小于100mm）；4—穿孔（直径小于30mm）

首先清洗、干燥待修部位，用热风吹风机加热凹坑部位，直至可用合适的工具压平凹坑，用 P120 砂纸／金刚砂纸打磨凹坑区域。再用清洗剂清洗维修部位，晾干 5min，涂一层薄薄的粘接剂晾干 10min，用粘接剂填充不平表面，用抹刀磨平，用红外线灯加速固化（将温度调至 60～70℃，时间调为 15min）。然后用 P120 砂纸打磨凹坑部位，去除灰尘磨屑，涂一层薄薄的粘接剂，晾干 10min。最后按油漆维修手册恢复漆面。轻微擦伤、裂纹、孔洞可参考以上维修方法。

保险杠严重变形，并且有褶皱产生时，已不能通过加热的方式恢复变形部位，应更换。

2. 格栅（中网）

格栅位于车辆前部中央，可能固定在保险杠装饰板上，也可能固定在散热器支架或发动机罩上。用于隐藏散热器和导入空气作用，可由铝、灰铸铁、ABS 塑料、氨基甲酸酯等多种材料制造，具有美观、实用性，结构如图 6-25 所示。格栅有多种结构形式。一些格栅由多块组成，这些格栅块可单独更换。

小提示

塑料或安基甲酸酯格栅受轻微碰撞时，可用塑料焊接技术或粘接修补方法修复，严重时应更换。格栅上的车标、前照灯下饰条可单独更换，不用更换整个格栅。

(a) 吉利汽车的格栅形状

铭牌
格栅
保险杠

(b) 奔驰汽车格栅的安装位置

图 6-25　格栅

3. 散热器支架

散热器支架一般焊接在前翼子板和前横梁上形成车辆前板，如图6-26所示。在一些非承载式车身结构的车辆中，散热器支架用螺栓固定在翼子板、车轮罩和车架总成上。除了提供前部钣金件的支承外，也支撑散热器以及相关冷却系统零部件。

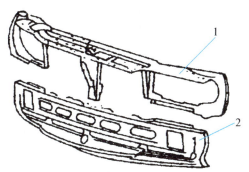

图6-26 散热器支架形成承载式车身前部
1—散热器支架上部；2—散热器支架下部

散热器支架损伤修复可由普通矫正设备和技术进行矫正，如果支架部分损伤，只需更换相应损伤部件。当散热器支架严重变形时，应整体更换。

> **小提示**
>
> 检查时，仔细观察散热器支架是否经过维修，检查散热器支架两端的密封剂是否完好，如果密封剂、漆面有维修痕迹，意味该车前部有过碰撞损伤。

4. 发动机罩

发动机罩位于发动机舱两侧翼子板之间，用于保护发动机免受灰尘和湿气侵袭，也能吸收发动机噪声。发动机罩通常由冷轧板材制成，现在汽车也有用铝、玻璃纤维和塑料等制成的。典型的发动机罩由一块外板和内板构成，内、外板外部边缘通过点焊连接，内、外板的结合面用粘接剂粘接到一起。一个锁止机构固定在发动机罩前缘的下面，发动机罩关闭时起到锁止作用。锁止机构是指锁扣和闩眼，锁扣安装在散热器支架上，当从驾驶室内拉动操纵缆索时，锁扣脱开。发动机罩外板及附件如图6-27所示。

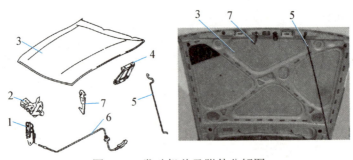

图 6-27　发动机盖及附件分解图

1—锁下半部；2—锁上半部；3—发动机盖；4—铰链；5—撑杆；6—拉索；7—安全钩

铁质发动机盖根据损伤变形程度不同可选择钣金修理法修复或整体更换；铝质发动机盖通常在产生较大的塑性变形时就需更换。

小提示

铰链轻微损伤时可以修理，缆索损伤以更换为主。撑杆有铁质撑杆和液压撑杆两种，铁质撑杆可通过校正修复，液压撑杆撞击变形后需更换。

5. 前翼子板

翼子板与发动机罩、保险杠总成一起形成车身前端的外表面轮廓，结构如图 6-28 所示。对于承载式车身，翼子板用螺栓固定在散热器支架以及挡泥板上。

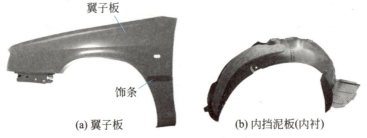

(a) 翼子板　　　　(b) 内挡泥板(内衬)

图 6-28　翼子板及其附件

小提示

前翼子板的附件有饰条、内挡泥板等，饰条损伤后应更换；内挡泥板撞击破损后应更换。钢制翼子板变形后可经过钣金校正修复；玻璃纤维和塑料翼子板上的凿孔和破碎可用玻璃纤维修补剂修复。

6. 前纵梁

前纵梁是前部最重要的结构件,影响乘客的安全性及关键部件的安装尺寸。当其发生碰撞出现弯曲时,以拉伸校正为主。经拉伸后如严重开裂应进行更换。可根据不同损伤程度截取更换,如图 6-29 所示。

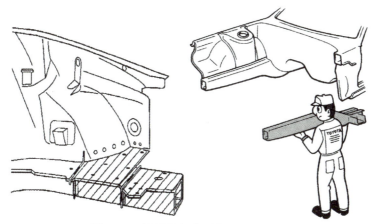

图 6-29　纵梁的部分更换及整体更换

(二)侧面碰撞损伤鉴定评估

汽车侧面受到碰撞时,常常会导致前翼子板、后翼子板、车门、车身中柱,甚至车身底板都会发生弯曲变形,如图 6-30 所示。若碰撞严重时,前翼子板和后翼子板受到的碰撞冲击波会一直延伸到汽车另一端。在这种情况下,悬架零部件会损伤,前轮的定位会发生改变。下面就常见的侧面相关零件损伤评估进行介绍。

图 6-30　汽车侧面碰撞损伤实物图

1. 车门

车门一般由车门本体、附件和内外装饰件三部分组成,型式有推拉式车门、旋转式车门、折叠式车门和上掀式车门等。车门是车身的一个独立总成,一般是用铰链将车门安装在车身上的。推拉式车门主要由车门内外板、限位器、滑轨及门锁等零件组成,如图6-31所示。常用于客车和部分厢式货车上。

旋转式车门包括车门把手、锁芯、门闩、倒车镜、嵌条、防擦饰条等,外部结构如图6-32所示。

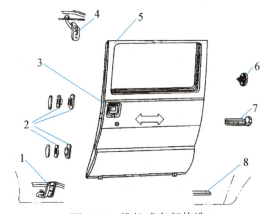

图6-31 推拉式车门构造

1—下滚柱体;2—限位器;3—门把手;
4—上滚柱体;5—门体;6—门锁撞块;7—中间滚柱体;8—下滑道

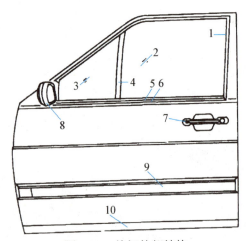

图6-32 前门外部结构

1—玻璃槽;2—前门玻璃;3—前门三角玻璃;4—玻璃中隔条;
5—外玻璃挡雨条;6—下拖条;7—外门把手;8—倒车镜;9—防擦饰条;10—下防碰饰条

车门内饰包括前门内饰板及前门内把手、杂物箱、肘靠、电动车窗控制板、车窗手动调节器、外后视镜的控制件等附件,如图6-33所示。

车门除了内饰、外面板件及铰链外,还有许多附件和内部构件,如图6-34所示。车门框架内部有车窗玻璃、玻璃导槽、玻璃升降器(手动或电动)、线束、门锁机构等。

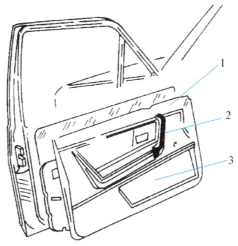

图6-33 内饰分解图
1—前门内饰板;2—前门内把手;3—杂物箱

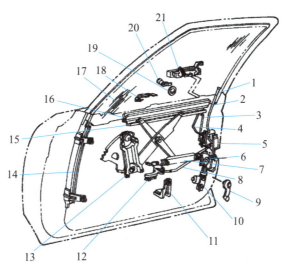

图6-34 手动车门内部结构件
1—车门锁杆内捏手;2—车门锁内杆;3—连接锁芯的锁杆;4—连接锁杆的外操作杆;5—门锁;6—内锁杆电动执行连接杆;7—内平板凸轮;8—门锁内侧远程控制连接杆;9—手动门窗调节器手柄;10—电动门锁;11—车窗玻璃限位装置;12—门锁远程控制内把手;13—手动门窗调节器;14—门窗玻璃滑槽;15—底端窗框通道凸轮;16—底端窗框通道;17—车窗玻璃;18—锁芯支架;19—锁芯垫圈;20—锁芯总成;21—操纵外手柄总成

> **小提示**
>
> 车门外板件变形可采用吸盘、撬杆、整形机等钣金工具进行修理。如果损伤严重,车门外面板能单独更换。
>
> 车门上的防擦饰条拆解后可利用两面胶进行二次粘接。
>
> 车门框产生塑性变形时应更换。
>
> 车门维修后要检查密封性及降噪等方面的性能,即车门是否开、关灵活,运动自如。
>
> 车门应具有足够乘员上下车的开度,车门开关应有轻度的节制,能在最大开度和中间开度的位置上停稳。轿车车门开度一般在60°~70°范围内,并能保证在倾斜路面上车门也能够顺利开启。车门在锁止时,不得因震动、碰撞而自动开启,在希望开启时,又能很容易打开。
>
> 应有足够的强度和刚度,不允许因变形、下沉而影响到车门开、关的可靠性。
>
> 在关门时不得有敲击声,行驶时不允许产生震动和噪声。
>
> 应有良好密封性,雨、雪不能从车门缝隙中进入车内,并能把灰尘和泥水挡在车外。

2. 前围板及仪表板损伤评估

现在汽车的前围板和仪表盘板通常焊接在前底板、左右车门槛板和前门铰链立柱上。在承载式车身上,轮罩(挡泥板)和前纵梁也焊接在前围板上,安装位置如图 6-35 所示。当车辆 A 柱侧面受到严重撞击时会造成前围板损伤。

前围板和仪表盘板重度损伤可在原厂接缝处进行拆卸和更换,但更换及维修比较复杂。评估前围板及仪表盘板总成更换工时应考虑如下作业时间:仪表板的拆卸和安装;风挡玻璃的拆卸和安装;翼子板的拆卸和安装;车门的拆卸和安装;松开汽车衬里的前边缘;空调和暖风装置零件的拆卸和安装;车顶纵梁嵌条的拆卸和安装。

仪表板总成安装在前围板上的仪表盘板上,是车身附属设备中最重要的组成部分之一。仪表板多采用塑料件作为框架,将各部件组装到框架上之后,再用螺栓固定到车身上。

仪表板总成集中了全车的监察仪表,使驾驶员可以随时掌握和控制汽车的运行状况。仪表板总成如图 6-36 所示,在仪表板总成的中部,通常装有一些其他设备的控制仪表和开关,以及烟灰盒和杂物盒等,两端则设有通风格栅。在一些轿车上,还要安装安全气囊和其他一些电子设备,仪表板总成的下部延伸至驾驶员侧有通道的一段,称为副仪表板,主要装有烟灰盒、音响、电话和冰箱等辅助设备。通常不同汽车的选装设备和安装位置略有不同。

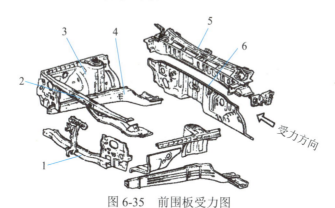

图 6-35 前围板受力图
1,2—水箱框架;3—挡泥板;4—前纵梁;5—仪表盘板;6—前围板

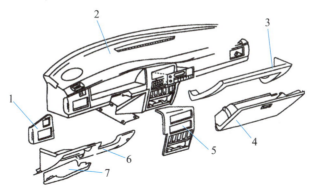

图 6-36 仪表板总成
1—左饰板;2—仪表板总成;3—右饰框;
4—杂物箱盖;5—中心饰板总成;6—左饰框;7—杂物箱

　　一般中低档轿车仪表板本体采用一体注塑成型仪表板,多用 PP 复合材料。这种结构质量小,易于造型,加工工艺简单,当受到冲击时可吸收一部分能量,造价较低。

　　高级轿车仪表板多采用软化结构,主要包括骨架、蒙皮和中间发泡层三部分。将蒙皮埋入镶嵌物,再注入发泡剂发泡成形,形成局部骨架结构,将其固定在仪表板横梁及支架上,也可直接在骨架上胶接软化层,形成封闭骨架结构。

　　仪表板骨架按材料不同主要有钢板冲压件、树脂注塑件、纤维板、硬纸板等类型。钢板冲压件骨架质量大、成本高、焊接工作量大、装配质量低。而树脂注塑成型的仪表板骨架应用最多，如图 6-37 所示为奥迪仪表板。

在紧急制动的情况下常会造成出风口、手套箱等仪表板零件损坏，零部件损坏应以更换为主。仪表板轻微损伤应以维修为主。

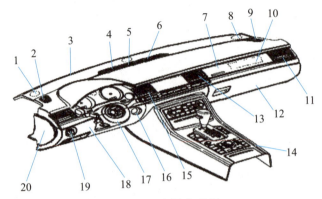

图 6-37　奥迪仪表板

1,5,8—喇叭；2—左侧除霜喷嘴；3—仪表板；4—中部除霜喷嘴；6—日照传感器；7,10—副驾驶员安全气囊；9—右侧除霜喷嘴；11—出风口；12—手套箱；13—中部仪表板出风口；14—中控台；15—仪表板出风口；16—进入及启动许可开关；17—转向柱开关模块饰板；18—驾驶员侧杂物箱；19—车灯开关；20—左侧仪表板护板

3. A 柱

A 柱是指前门铰链立柱和风挡玻璃立柱的统称，包括内、外板件。内、外板件焊接在一起形成牢固紧凑的结构。

小提示

A 柱如损伤，当无法通过校正维修时可通过切割、分离，再将配件焊接在此位置上的方法维修。

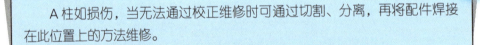

通常在维修手册中提供有能切割的部位，切割时必须按要求进行，而且不能对车辆的整体结构性造成损伤。奥迪 A8 的 A 柱切割部位如图 6-38 所示。

4. B 柱

B 柱又叫中柱，通常 B 柱由内板件和外板件组成，焊接在车门槛板、底板和顶盖纵梁上，形成一个紧凑的结构。B 柱不仅为车顶盖提供支撑，而且为前门提供门锁接触面，还作为后门门柱。

> **小提示**
>
> B柱被碰撞而严重变形时，应进行更换。更换B柱前，通常在车顶盖下沿处切割B柱。

切割部位在维修手册中可找到，如图6-39所示为奥迪A8的B柱切割示意图。

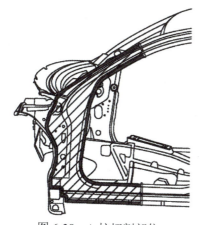

图6-38　A柱切割部位

图6-39　B柱切割位置

> **小提示**
>
> 当B柱和车门槛板同时毁坏时，一般把B柱和车门槛板作为总成进行更换。评估损伤时，要考虑B柱的切割和焊接作业工时，同时要考虑拆除后车门、前座，松开汽车衬里，卷起垫子和地毯、B柱饰件、车门密封条拆卸和安装等工时，以及抗腐蚀材料费用及防腐处理工时等。

5. 车门槛板

车门槛板通常由内、外板件组成，是承载式车身的重要的结构组成部分，其外形结构及断面如图6-40所示。在一些汽车上，外板件被直接焊接在底板上。车门槛板为驾驶室底板提供支承。承载式车身的车门槛板由高强度钢板制成，其两侧经电镀处理，以提高其抗腐蚀能力。

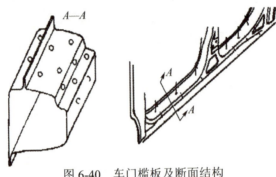

图 6-40　车门槛板及断面结构

车门槛板碰撞严重变形时，应进行更换。内、外车门槛板可以单独更换也可整体更换，更换时，先进行切割，再进行焊接，如图 6-41 所示。

> **小提示**
>
> 车门槛板在立柱之间被切割，完成所有焊接后，要进行防腐处理。评估损伤时要考虑防腐材料的费用。

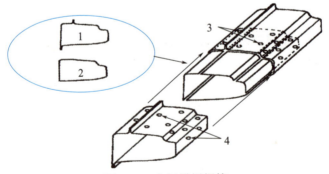

图 6-41　车门槛板焊接
1—纵向切割车门槛板插入件的截面；
2—切割后插入件截面；3—插入车门槛板用铆焊或螺钉固定；4—电铆焊孔

6. 车顶

车顶包括前后横梁、侧边纵梁和一大块金属板，作用是将车身顶部围住，其组成如图 6-42 所示。

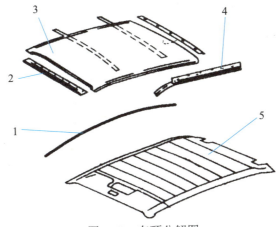

图 6-42　车顶分解图
1—落水槽；2—车顶横梁；3—车顶；4—车顶边梁；5—内衬板

> **小提示**
>
> 车顶因碰撞严重损坏时，应进行更换。在评估损伤时，要考虑拆卸和安装挡风玻璃、天窗、车顶内饰板、遮阳板、车顶灯、前后座椅等零件的工时。

开天窗的车顶由于天窗结构比较复杂，如图 6-43 所示，对于可能损坏天窗结构的损伤，要特别注意天窗零部件的检查及维修费用的估算。

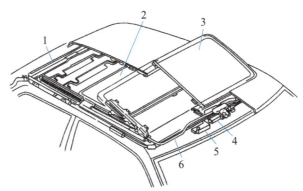

图 6-43　天窗结构
1—支架；2—遮阳板；3—玻璃；4—驱动电机及齿轮；5—控制继电器；6—驱动钢索

（三）后面碰撞损伤鉴定评估

汽车后面受到碰撞时，如果碰撞冲击力较小，则后保险杠、后围板、车尾后备厢盖和车身底板会变形；如果碰撞冲击力较大，则后翼子板、后纵梁等将会压溃。下面就常见的车身后面损伤评估进行介绍。

1. 后保险杠及附件

后保险杠与前保险杠结构相似，碰撞损伤评估和维修方法也相似。有些车配备有倒车雷达系统，结构如图6-44所示，倒车警报装置由倒车警报控制单元、倒车警报左后传感器、倒车警报左后中部传感器、倒车警报右后中部传感器、倒车警报右后传感器、倒车警报蜂鸣器等组成。对后部碰撞进行损伤评估时，要注意检查倒车雷达系统是否损伤。

2. 后车身板件

在承载式车身车辆上，后车身包括后围板、后翼子板、后底板、后纵梁以及各种横梁、加强件等，组成如图6-45所示。不同车型的后车身组成有所不同。

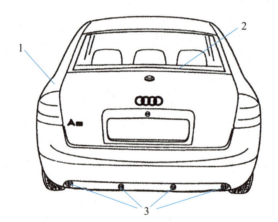

图6-44 带有倒车雷达系统的后保险杠
1—倒车警报控制单元安装位置；2—倒车警报蜂鸣器安装位置；3—倒车警报传感器

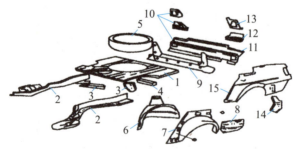

图6-45 轿车后车身的板件
1—后地板；2—后纵梁；3—支撑板；4—排气管支架；5—备胎座；6—后轮罩内板；7—后轮罩外板；
8—连接板；9—后围板横梁；10—后围板；11—后围板下板；12—后围板边板；13—尾灯底板；
14—后门锁加强板；15—后翼子板

> **小提示**
>
> 当发生碰撞损伤时，若后部板件严重变形或无法修复需要更换时，要考虑燃油箱总成的拆除和安装；后减震器拆卸和安装；相关线束的拆除和安装；饰条的拆除和粘接；后轮定位的检查等工时。

3. 后备厢盖

后备厢盖总成由外板件、内板件、锁芯、门闩总成、锁销以及双铰链等零件组成，如图 6-46 所示。外板件要点焊在内板件的边缘处，而内板件表面用胶粘接在顶盖下沿。后备厢盖与发动机罩在结构及维修方法相似，损伤评估可参考发动机罩的损伤评估内容进行。

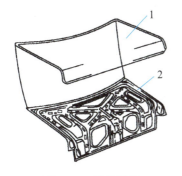

图 6-46　后备厢盖
1—外板件；2—内板件

图 6-47　后举升门
1—玻璃；2—密封条；3—后举升门；4—支撑杆；
5—内饰板；6—密封薄面；7—靠近玻璃处凹陷

4. 后举升门

后举升门常用于两厢轿车上，其结构如图 6-47 所示。出现碰撞损伤后，要仔细检查和定损。如果损伤部位接近图 6-47 中 7 所指的位置时，要考虑玻璃的拆卸和安装时间以及更换或移装举升门附属件（如玻璃导槽及调节器、外把手、高位刹车灯总成等)的工时。

> **小提示**
>
> 车尾门外板件损伤后,能单独更换,更换外板件的步骤与前述的更换车门外板相似,但评估时必须考虑增加拆装玻璃的工时,如果举升门的玻璃用粘接剂安装时,还要考虑所用粘接剂的费用。

5. 后翼子板

后翼子板是从车门槛板和顶盖延伸到后车身板的部分,后翼子板是被焊接在车门槛板、顶盖纵梁及外轮罩上,形成后车身的一侧。

当出现碰撞造成中度以下损伤时,尽可能采用惯性锤、外形整形机等设备进行维修,这样维修工时较少,同时也减少了对车身的损伤。

> **小提示**
>
> 当后翼子板外板件损伤严重时,应进行更换。一般在窗户和车身腰线之下切割后翼子板。

根据损伤部位可选择两种切割方法,如图6-48所示,选择切割线1时,不必拆卸后挡风玻璃。选择切割线2更换外板件时,后窗和侧窗必须被拆除,修复完成后重新安装。所以选择切割线2是一种高风险的作业,易发生玻璃破裂或损伤,导致更换作业的损失增加。

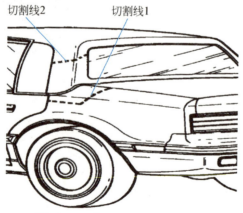

图6-48 后围翼子板参考切割线

二、火灾损伤

汽车火灾损失令人触目惊心，无论是什么原因导致的起火燃烧，都会使车主及周边之人措手不及。即使扑救及时，汽车也会被烧得满目疮痍。如扑救不及时，整个汽车转眼之间就会化为灰烬（图6-49所示）。若在行驶中起火，还会给驾乘者造成严重的人身伤害。汽车起火原因与损失结果息息相关。所以要了解汽车火灾损失规律，这无论对车主还是对评估人员都具有十分积极的意义。

图6-49　汽车火灾

（一）车辆火灾类型

按照起火原因，汽车火灾可以分为自燃、引燃、碰撞起火、雷击和爆炸五种类型。

1. 自燃

自燃是指在没有外界火源的情况下，由本车电器、线路、供油、机械系统等车辆自身故障或所载货物起火引起的燃烧。汽车自燃的可能原因如下。

（1）供油系统　严重的汽车自燃一般都是燃油系统出现问题，燃油的泄漏可以说是引发严重汽车自燃的罪魁祸首，油箱中泄漏出来的汽油是汽车上最可怕的助燃物。

> **小提示**
>
> 漏油点大多集中在管件接头处、油管与车身易摩擦处、油管固定部位与非固定部位的结合处等薄弱地方。

无论是行进还是停驶，汽车上都可能存在火源，如点火系产生的高压电火花、蓄电池外部短路时产生的高温电弧、排气管排出的高温废气或喷出的积炭火星等，当泄漏的燃油遇到了火花时，就会造成火灾。

电喷发动机喷油器清洗后密封圈必须更换，个别维修厂为微小的利益重复使用喷油器密封圈，常常引发汽车火灾。

采用柴油发动机的汽车，有时冬季会出现供油管路挂蜡的现象。为了解决这个问题，某些驾驶员会在油箱外用明火烘烤，极易引起火灾。

（2）电气系统

① 高压漏电。发动机工作时，点火线圈自身温度很高，有可能使高压线绝缘老化、龟裂，导致高压漏电。由于高压漏电是对准某一特定部件持续进行的，必然引发漏电处的温度升高，遭遇油泥等可燃物就会引发火灾。定期清洁发动机可有效预防此类火灾发生。

② 低压短路。低压线路老化、过载或磨损搭铁漏电是引发汽车自燃事故的另一主要原因。由于搭铁处会产生大量的热能，如果与易燃物接触，就会导致起火。

小提示

私自改装导致个别线路用电负荷加大。如加装高档音响、增加通信设备、加装电动门窗、添加空调等，如未对整车线路布置进行分析及功率复核，可能会导致火灾发生。

③ 接触电阻过大。线路接点不牢或触点式开关接触电阻过大等，会使局部电阻加大，长时间大电流通电时发热会引起可燃材料起火，蓄电池火线与起动机的连接螺钉松动极易发生发动机火灾。

④ 点火顺序错乱。点火提前角过早、过晚或者点火顺序错乱会造成车辆加速无力，如急剧加油则会出现回火、放炮现象，有时会造成汽车火灾。

⑤ 加大熔丝容量。在汽车电路维修中，有随意加大熔丝容量的现象，更有甚者用铜线代替熔丝，看似简单的问题，有时会酿成大祸。由于熔丝无法断开，线路短路引发火灾在所难免。

（3）机械系统　汽车的相关部件因汽车超载而处于过度疲劳和过热状态，一旦超过疲劳极限，就有可能发生自燃。

制动系统工作时，制动蹄片上的摩擦片与制动鼓或制动盘之间的摩擦产生大量的热量。如果汽车超载行驶，频繁的制动会产生更多的热量。聚集的热量就会将黄甘油或刹车油点燃。另外，长时间高强度的制动，也会造成制动鼓过热，制动鼓随之又将热量传导到附近可燃物（轮胎），增加了自燃的可能性。

近年来高速路上轮胎过热起火现象较为常见。

小提示

轮胎摩擦过热有几种情况：一是气压不足；二是超载；三是气压不足与超载的综合效应。

以上这些情况都会造成轮胎的侧壁弯曲。轮胎侧壁弯曲产生热量的速度要比机动车行驶中散发热量的速度快得多，其结果是侧壁的温度升高，将侧壁纤维与橡胶材料的粘结破坏，所形成的分离又加剧了松散线绳与橡胶间的摩擦，从而产生了更多的热量。聚积的热量会很快使侧壁的温度上升而造成自燃。轮胎起火以在高速公路上行驶的超载大货车辆居多。对于卡车或拖挂车上的双轮胎来说，危险性更大。当两个轮胎中有一个气压不足时就会发生这种现象，原因是：由于相邻的轮胎承受了双倍载荷而形成过载，因而导致了轮胎的摩擦过热。

（4）其他　排气管上的三元催化反应器温度很高，且安装位置较低。如果停车时恰巧将其停在麦秆等易燃物附近，就会引燃可燃物。

如果驾驶员夏季将汽车长时间地停放在太阳下暴晒，会将车内习惯性放置在前窗玻璃下的一次性打火机晒爆，如果车内恰巧有火花（如吸烟、正在工作的电气设备产生的电火花、爆炸打破的仪表火线等），就会引燃车内的饰品。

2. 引燃

引燃是指汽车被其自身以外的火源引发的燃烧。建筑物起火引燃、周边可燃物起火引燃、其他车辆起火引燃、被人为纵火烧毁等，都属于汽车被引燃的范畴。

3. 碰撞起火

当汽车发生追尾或迎面撞击时，由于基本不具备起火的条件，一般情况下不会起火。只有当撞击后导致易燃物（如汽油）泄漏且与火源接触时，才会导致起火。如果一辆发动机前置的汽车发生了较为严重的正面碰撞，则散热器的后移有可能使油管破裂，由于此时发动机尚处于运转状态，一旦高压线因脱落或漏电引起跳火，发生火灾的可能性就很大。

当汽车因碰撞或其他原因导致翻滚倾覆时，极易发生油箱泄漏事件，一旦遇上电火花或摩擦产生的火花，就会起火爆炸。

4. 雷击

在雷雨天气里，露天停放的汽车有可能遭遇雷击。由于雷击的电压非常高，完全可以将正在流着雨水的车体与地面之间构成回路，从而将汽车上的某些电气设备击穿（如车用电脑），严重者可以引起汽车起火。

5. 爆炸

车内违规搭载的爆炸物品（如雷管、炸药、鞭炮）极易引发爆炸及火灾。

（二）起火后的施救方法

汽车起火以后，驾乘人员应头脑清醒，切忌惊慌失措。首先将车停靠路边后，取出灭火器，准备灭火。要记住不能先打开发动机上盖，因为此时火势仍然控制在发动机盖下燃烧，因为缺氧，火势燃烧较为缓慢，对扑救有利，这符合"先控制、后消灭"的消防灭火原则。

1. 自行灭火

首先可用随车灭火器，由发动机盖缝隙处，对准起火部位喷射灭火，火势减小后两人协同灭火，可由一人手持灭火器，另一人打开发动机盖，在发动机盖打开的一刹那，对准起火部位猛喷。如果只有驾驶员一人灭火，应该一手持灭火器，一手去开发动机盖，发动机盖打开后迅速喷射。或者将灭火器放在身边，待车盖打开后立即拿起来喷射。

有些发动机的舱盖开启时需要把手探到里面打开锁销，为避免烫伤应戴好手套，如果火势较大，灭火器不够用时，可用沙土或棉被覆盖。若火势危及车载易燃物时，应先将其卸下。油料着火时，严禁泼水扑救，但酒精类着火时，可用水泼救。电器短路火灾应先断开蓄电池线。

2. 报警求救

如果火势很大，或者经过初步施救后，仍然无法将火扑灭，则应尽快远离现场并及时拨打119报警。此时，不要急着抢救车内的财物，防止被意外烧伤。

（三）常见火灾车损

如果车辆因自身电器线路老化、过载、短路引起火灾，若断电及时，则损失一般仅仅局限在电器线路，一般更换相关线束即可。但如果由于供油系统引起火灾，就会因为火势过于猛烈，损失较大，图6-50所示为供油系统引起的火灾。维修费用包括相关零件更换费用、喷漆费用等。

图 6-50　发动机火灾图

三、水灾损伤

如图 6-51 所示，车辆在水淹后外观上没有太大变化，但水淹后操作或维修不当致使发动机损坏、电控系统损坏的现象很常见。汽车水灾损伤的影响因素较多，要想做好水损汽车的维修及损失评估，就必须了解与水灾相关的基本知识。

图 6-51　水淹车辆

（一）水灾损失现场查勘

1. 水损时的车辆状态

在遇到暴雨或洪水时，一些经验不够丰富的驾驶员，往往不知所措，因所采取的措施不当，扩大了汽车的损失。如在汽车被淹熄火以后，大部分驾驶员会条件反射地二次启动发动机，试图尽快脱离险境，结果加重了汽车的损坏；个别救援人员因所采用的施救措施不当，扩大了汽车的损坏。

如果汽车是处于停置状态受损，则此时发动机不运转。如果清理完发动机内部积水后发动发动机，则内部机件不会产生机械性损伤，如连杆弯曲、活塞破碎等现象,如图 6-52 所示。

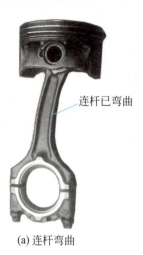
(a) 连杆弯曲

(b) 活塞破碎

图 6-52 发动机机械性损伤

> **小提示**
>
> 汽车处于行驶状态,如果水位低于发动机进气口,通常不会造成发动机损伤。但这不是绝对的,其他车辆的行驶也会造成水面高低变化,甚至会造成水花飞溅,飞溅的水花也会被其他汽车吸入气缸,造成发动机机件严重受损。

2. 水淹程度确定的参数

水的种类、水淹时间、水淹高度都是确定水淹损失程度的重要参数,不同的水质(海水会损坏漆面)、水淹时间、水淹高度对汽车的损伤各不相同,必须在现场查勘时仔细检查,并作明确记录。

(二)水淹汽车的施救方法

如果汽车仍处水淹状态,则必须对水淹汽车进行施救和排水。在对进水汽车进行施救和排水时,一定要遵循"及时、科学"的原则,既保证进水汽车能够得到及时救援,又避免汽车损失的进一步扩大。

1. 汽车施救时注意事项及方法

(1)早断电 在汽车被水淹的情况下,驾驶员有条件时应立即断开蓄电池线,抓紧时间将车推离险境,及时拨打保险公司的报案电话,或者同时拨打救援组织的电话，等待拖车救援。

（2）科学拖车　在对水淹汽车进行施救时，一般应使用专用救援车辆拖救，也可采用硬牵引方式拖车，或将汽车前轮托起后进行牵引，一般不要采用软牵引的方式。如果采用软牵引方式拖车，一旦前车减速，被拖汽车往往只有选择挂挡、利用发动机制动的方式进行减速。这样一来，就会导致被拖汽车发动机的转动，最终导致发动机机械损坏。如果能将汽车前轮托起后牵引，可以避免因误挂挡而引起的发动机损坏。对于安装有自动变速器的汽车，注意不能长距离地被拖曳（通常不宜超过 20～30km），以免损伤变速器。

（3）谨慎启动　汽车因进水熄火以后，驾驶员绝对不能抱着侥幸心理贸然启动汽车，否则会造成发动机或电器系统严重损坏。

> **小提示**
>
> 在未对汽车进行排水处理前，严禁采用起动机、人力推车或拖车方式启动被淹汽车的发动机。

只有在对被淹发动机进行了彻底的排水处理，并进行了相应的润滑处理，易受损的电器彻底烘干后才能尝试启动。

2. 排水方法及要求

（1）电器排水　容易受损的电器（如各类电脑模块、仪表、继电器、电动机等）应尽快从车上拆下，进行排水清洁，电子元件用无水酒精清洗并晾干，避免因进水引起电路某些价值昂贵的电气设备报废。

汽车电脑最严重的损坏形式就是芯片损坏。尤其是装有电喷发动机的汽车，其控制电脑更是害怕受潮。应及时对进水电脑进行晾晒烘干处理。

安全气囊的碰撞传感器有时与气囊电脑做成一体，维修时只要更换了安全气囊电脑，就无需再额外更换碰撞传感器。安全气囊系统插头可用无水酒精擦洗，再用高压空气吹干的方法维修。

对于可以拆解的电动机如起动机、天线电动机、步进电动机、风扇电动机、座位调节电动机等，可以采用"拆解→清洗→烘干→润滑→装配"的流程进行处理。对于无法拆解的电动机如雨刷电动机、喷水电动机、玻璃升降电动机、后视镜电动机、鼓风机电动机、隐藏式前照灯电动机等，则无法按上述办法进行，进水后即使当时检查是好的，使用一段时间后也可能会发生故障，一般应考虑一定的损失率，损失率通常为20%～40%。

（2）汽车机械系统及内饰排水

① 检查气缸是否进水。汽车从水中被救出来以后，首先检查发动机气缸有没有进水。将发动机上的火花塞全部拆下，转动曲轴，把水从火花塞螺孔处排出。如果用手转动曲轴时感到异常阻力，说明发动机内部可能存在某种程度的损坏，不要借助外力强制转动，要查明原因，排除故障，以免引起损坏的进一步扩大。

② 检查机油里是否进水。将发动机机油尺抽出，查看油尺上润滑油的颜色，如果油尺上的油呈乳白色或有水珠，就要将润滑油全部放掉，在清洗发动机后，更换新的润滑油。

如果通过检查未发现发动机机械部分有异常现象，则可以从火花塞螺孔处加入少量的机油，用手转动曲轴数次，使整个气缸壁都涂一层油膜，以起到防锈、密封的作用，同时也有利于发动机的启动。

③ 检查变速箱、主减速器。查看变速箱、主减速器是否进水，如果上述部位进了水，就会使其内的齿轮油变质，造成齿轮早期磨损。对于采用自动变速箱的汽车，还要检查ATF是否进水。

④ 检查制动系统。对于水位超过制动液储液罐的，应更换全车制动液。制动液储液罐里进水会使制动油变质，致使制动效能下降，甚至失灵。

⑤ 检查排气管。如果排气管进了水，要尽快地把积水排除，以免水中的杂质堵塞三元催化器和损坏氧传感器。

⑥ 清洗、脱水、晾晒、消毒及美容内饰。如果车内因潮湿而出现霉味，则除了在阴凉处打开车门，让车内水气充分散发，消除车内的潮气和异味外，还需对汽车内部进行大扫除，要注意换上新的或晾晒后的地毯及座套。还要注意对车内生锈的痕迹进行检查，查看一下车门的铰链部分、后备厢地毯之下、座位下的钢铁部分以及备用轮胎的固定锁部位有没有生锈的痕迹。

⑦ 保养汽车。如果汽车整体被水浸泡，除按以上排水方法进行处理外，还要及时擦洗外表，防止酸性雨水腐蚀车体。最好对全车进行1次二级维护，全面检查、清理进水部位，通过清洁、除水、除锈、润滑等方式，恢复汽车的性能。

（三）汽车水损影响因素

汽车水损影响因素包括水质、水淹时间、水淹高度等。水损级别如图6-53所示。水损范围见表6-1。

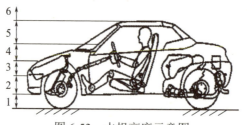

图6-53　水损高度示意图

表 6-1 汽车水损后的损失评估表

项目	水损程度等级		水损分析
	水淹时间	水淹高度	
1 级	$H \leqslant 1h$	制动盘和制动鼓下沿以上，车身地板以下，乘员舱未进水	可能造成的受损零部件主要是制动盘和制动鼓。损坏形式主要是生锈，生锈的程度主要取决于水淹时间的长短以及水质
2 级	$1h < H \leqslant 4h$	车身地板以上，乘员舱进水，而水面在驾驶员座椅坐垫以下	除 1 级损失外，还会造成以下损失 ① 四轮轴承进水 ② 全车悬架下部连接处因进水而生锈 ③ 配有 ABS 的汽车的轮速传感器失准 ④ 地板进水后车身地板如果防腐层和油漆层本身有损伤就会造成锈蚀 ⑤ 部分控制模块水淹后会失效
3 级	$4h < H \leqslant 12h$	乘员舱进水，水面在驾驶员座椅坐垫面以上，仪表工作台以下	除 2 级损失外，还会造成以下损失 ① 座椅潮湿和污染 ② 部分内饰的潮湿和污染 ③ 真皮座椅和内饰损伤，桃木内饰板会分层开裂 ④ 车门电动机进水 ⑤ 变速器、主减速器及差速器可能进水 ⑥ 部分控制模块被水淹 ⑦ 起动机被水淹 ⑧ 中高档车后备厢中 CD 机、音响功放被水淹
4 级	$12h < H \leqslant 24h$	乘员舱进水，水面至仪表工作台中部	除 3 级损失外，还可能造成以下损失 ① 发动机进水 ② 仪表台中部分音响控制设备、CD 机、空调控制面板受损 ③ 蓄电池放电、进水 ④ 大部分座椅及内饰被水淹 ⑤ 各种继电器、熔丝盒可能进水 ⑥ 大量控制模块被水淹

续表

项目	水损程度等级		水损分析
	水淹时间	水淹高度	
5级	24h < H ≤ 48h	乘员舱进水，仪表工作台面以上，顶篷以下	除4级损失外，还可能造成以下损失 ① 全部电气装置被水泡 ② 发动机严重进水 ③ 离合器、变速器、后桥可能进水 ④ 绝大部分内饰被泡
6级	H > 48h	水面超过车顶，汽车被淹没顶部	汽车所有零部件都受到损失

参 考 文 献

[1] 明光星. 二手车鉴定与评估. 北京：中国人民大学出版社，2010.

[2] 吴兴敏. 二手车鉴定与评估. 北京：人民邮电出版社，2010.

[3] 林晨. 桑塔纳2000轿车维修手册. 北京：机械工业出版社，2002.

[4] 高群钦. 二手车鉴定与评估一点通. 北京：国防工业出版社，2006.

[5] 韩建保. 旧车鉴定及评估. 北京：高等教育出版社，2006.

[6] 王若平. 汽车评估师. 北京：北京理工大学出版社，2005.

[7] 庞昌乐. 二手车评估与交易实务. 北京：北京理工大学出版社，2007.

[8] 李江天. 旧机动车鉴定估价. 北京：人民交通出版社，2006.

[9] 程玉光. 汽车车损与定损. 北京：人民交通出版社，2005.

[10] 吴兴敏. 二手车鉴定评估（第3版）. 北京：人民邮电出版社，2019.

[11] 林绪东. 手把手教你鉴定评估二手车. 北京：机械工业出版社，2018.